日本を元気にする国ブラジル

日本を元気にする国　ブラジル

秋山芳郎

プロローグ

ブラジルと日本は密接な関係に包まれており、不思議な縁があると確信しています。

日本人が日本の次に多い国はブラジルで、日系人とその家族は150万人にのぼります。100年前の1908年、日本から地球の裏側のブラジルに渡った日本人移民は、ブラジルの農業を発展させ、今やブラジル国民の信頼が高く、尊敬される民族となりました。確かな財産を私たち日系2世、3世に残してくれたことを誇りに思っています。こうした土壌があるので、日本人がブラジルに来てもすぐに受け入れてもらえます。ブラジルには多くの地域に日系人が住んでいて、日本語がどこに行っても通じる数少ない外国です。

一方、日本の製造業の人手不足で、追い風が吹いた1980年代後半からの、日系ブラジル人の出稼ぎで、32万人の日系2世や混血の3世が日本に逆流してきました。リーマンショックを経た2009年末には、26万7000人まで減りましたが、日本で生活をした日系出稼ぎは日本の文化、習慣、企業のマナーやルールの厳しさを身につけました。出稼ぎの間では、がんばれば願いはかなうという意味合いから「GAMBATEAR（ガンバチアール）」という造語も生まれたほどです。移民がブラジルに渡ってから100年がたち、日本とブラジルに新しい人間関係が再びできたのは、将来のつながりになるでしょう。

にもかかわらず、日本の皆様のブラジルについての知識が、サッカー、カーニバル、アマゾン川にとどまるのはちょっと情けなく思います。私たちブラジル人のアピールも足りないのではないでしょうか。

例えば、今のブラジルは最先端の飛行機技術を持っており、日系ブラジル人の技術者を多く採用しているエンブラエル社は、世界中に120人までの旅行者を運送できる小型ジェット機を売り出し、日本の航空会社にも導入されています。カナダのボンバルディア社の飛行機と同等のタイプで、とてもコンパクトで経済的なため、閉鎖のおそれがある数々の地域空港の活性化に繋がる期待が寄せられています。

また、ブラジルの主要産業であるバイオエタノール生産は、サトウキビからとれる燃料で、CO_2も発生しないので、地球温暖化の防止に役立つとして、大きく注目されています。毎年植えればとれる作物なので、広い土地があるブラジルでは大量に生産されています。ガソリンと、バイオエタノールを両用できるフレックス車が、今やブラジル国内生産の9割を占めるまでになっており、しかも安い方の燃料を多く混ぜて使えるのが魅力的です。またブラジル北部の木の実（ババス、デンデ）からも、ディーゼル燃料に相当する燃料を作り出す技術があります。

ブラジルの国営石油会社、ペトロブラス社は、新しい資源を次々と発見していて、ブラジル沖に国内最大規模の海底油田を確認しました。同社は3000〜4000メートル以上の深さの海底油田を掘る技術に優れています。同社CEOは、日本に対し「機材調達などで日本企業もぜひ事業参加してほしい」と開発協力を訴えています。

2008年、日本人移民がブラジルに渡って100年を記念した移民祭が、ブラジル各地で行われました。

日本とブラジルで使われるポルトガル語には、多くの共通している言葉があります。戦国時代の半ばから江戸初期まで、日本とポルトガルは交流がありました。1543年の種子島への鉄砲伝来に始まり、徳川家光のポルトガル船来航禁止命令まで続きました。1549年には、カトリック教イエズス会のフランシスコ・ザビエル牧師が長崎に上陸しました。織田信長（1534〜1582）が用いた黒人（ネグロイデ）

の家来、弥助（ヤスケ）は、元々アフリカ大陸で暮らしていましたが、ヨーロッパ人からの侵略を受け、イエズス会の宣教師に奴隷として連れてこられました。信長は弥助の全身が黒く塗られていると思い、この187センチメートルの大男に非常に興味を持ち、この黒人青年を引きとりました。そして、彼の名前を弥助と改め、常にそばに置いたとされており、弥助もまた、ポルトガル語を話したといいます。本能寺の変の時にも弥助はそばについていた、といいます。

ブラジル国も1500年ごろに、ポルトガル人に発見されて植民地となり、黒人が奴隷としてたくさん連れて来られました。日本とブラジルの言葉（＝ポルトガル語）には共通しているものがあります。例えば、日本の朝に食べるパンの呼び名は、ブラジルのポンに由来しており、ボタン、ビスケット、コップなども共通の言葉です。

本のなかでは、経済面でＢＲＩＣｓ（ブラジル、ロシア、インド、中国）のなかで最も信頼できる国として、ブラジルを紹介します。

日本企業が、ブラジルのバイア州サルバドル市に進出したのは、1970年代前半のことです。石油コンビナートがカマサリ市にできたのがきっかけで、三菱レーヨン、帝人テトロン、旭化成、トーホープラスチックの日本企業に加え、ドイツやフランス、アメリカの工場が次々と建設されました。うまく行くと思われたのですが、軍事政権だったうえに、激しいインフレで国の財政が悪化し、対外債務が返済できなくなる苦しい状態に置かれたことから、日本企業がやむをえず引き揚げた過去があります。

現在のブラジルは以前よりも安定しているし、インフレも低くコントロールされています。英国の経済誌、エコノミストによると、２０１４年には２０１５年にはブラジルがＧＤＰで世界の5位にまで浮上する予想をしています。２０１４年にはサッカーワールドカップ、そして２０１６年にはリオ・デ・ジャネイロで、南米初のオリンピックが開催されます。近い将来、ブラジルはもっと多くの日本人が耳にする国となります。資源の豊富さや、今後の経済発展の見通し、明るい国民性など、今後のブラジルとつきあうなかで、日本にはない魅力や、得られるメリットがたくさんあります。

２０１１年3月11日、東北地方で日本国内観測史上最大の地震が発生し、多くの命が失われました。今の日本は困難な時期にありますが、こうしたブラジル人の文化や親日性、経済発展が、これからの日本に明るさをもたらすこともできるのではないか、と考え、本のタイトルを「日本を元気にする国」としました。

戦前に、日本人が移民として渡った多くのラテンアメリカ（パラグアイ、ペルー、ボリビア、アルゼンチン）の日系2、3世もまた、日本の工場でがんばっています。ジャマイカではNHKのドラマ「おしん」がとり上げられた後、オシンという名前の女性がたくさん現れました。オシンみたいに強く、そしてがんばり屋という意味が込められた、名前がついている女性の姿を見ると、日本とラテンアメリカ、特にブラジルとのつながりは深いとしか考えられません。

かみ合う歯車のように、日本が寝ている時、地球の裏側のブラジルは起きています。両国を合わせると、24時間休むことなくずっと活動し続けています。表紙のデザインは左の赤い丸が日本、右の青い丸がブラジルを表しています。文化は東洋から生まれ、西洋に発展をもたらしました。

いつまでもアメリカや中国の機嫌とりばかりでは、日本は世界から「出る杭」と言われて打たれ続けます。人間はお金だけでなく、自由に生き、愛されることが大切です。尊敬される日本となるためにも、ブラジルとパートナーを結ぶことは日本の発展につながるでしょう。

目次

1. O LIVRO TODO DEKASSEGUI É URASHIMA TARO

――すべての出稼ぎはウラシマタロウである

私は２００８年12月、移民１００年祭記念として、かつてブラジルに渡った日本人と、そして今は日本に出稼ぎに来た日系ブラジル人をテーマに、「出稼ぎはみなウラシマタロウである」というタイトルでポルトガル語の本を出版しました。かつて日本人がどのような条件でブラジルに渡って苦労をし、つらい目にあったかを、日本に出稼ぎに来た今の日系2世、３世のブラジル人に少しでも知ってもらおうと思って書きました。

今、日本にいる出稼ぎも、最初は日本企業に働きに来て、3年、5年で一旗あげてブラジルへ帰ろうとしていたのに、日本を好きになって、ブラジルに帰らない人が多くいます。私の父は１９１６（大正５）年、福島県会津市に生まれ、百姓をしていた祖父母に連れられ、６人きょうだいの三男として、11歳で日本を離れました。それから50年後の１９７８年、いとこや親戚に会いたいと、自分の故郷に帰ってきました。久しぶりに帰ってお祝いをしてもらいましたが、その時見た風景に昔のおもかげは残っておらず、「自分は本当にウラシマタロウになった」と言いました。日本にいる日系ブラジル人も今、同じような状態に置かれています。

日系2世の山崎チズカ監督は、ブラジルに渡った日本人の移民をテーマにしたポルトガル語の映画「外人1」「外人2」を撮影しました。ＮＨＫではテレビドラマ「ハルとナツ」が制作され、戦前の１９３０年代にブラジルへ渡ったまま、再び日本に戻ることができなかった日本人の苦労を伝えました。移民１００年を機にブラジルの日本人移民が注目されたのも事実ですが、今、日本に出稼ぎに来ている日系人の大半は、作品に興味を持たず、見てもいないというのが事実です。ブラジルでは「カラオケ」「刀」「よろいかぶと」「すし」「さしみ」が日本の文化として知られ、日系人は働き者としてイメージが良いですが、自分たちの歴史は知らないのです。

この本では、日本の皆さんに、まずは日本人移民がブラジルに渡った歴史を少し知ってもらいたいと思います。

2. HISTORÌA DA IMIGRAÇÃO JAPONESA AO BRASIL

——日本人移民の物語

神戸移民センター

2—1 ESPERANÇA 希望／夢

最初の移民船「笠戸丸」が神戸港を出発したのは、1908年4月28日。出発前に神戸移民センターで2週間、ポルトガル語を学んだ後、165家族の781人の移民が、地球の裏側にあるブラジルのサントス港を目指しました。家族や親戚との別れは本当につらかったのです。「さようなら、さようなら」と言うのを聞き、船の汽笛がボーボーと鳴るのは、まるでお葬式を案内しているかのように聞こえ、なお一層泣きたくなったそうです。船がゆっくりと進み、手を振っているのは残された人たちの、忘れられない思い出となり、胸がつまったそうです。

52日間の船旅を終えて同年6月、移民たちはサントス港に上陸しました。サンパウロ州政府と3年間で3000人の日本人移民を送り込む契約をし、希望者を募った「皇国殖民会社」は、ブラジルでの好待遇、高賃金をうたいました。「コーヒーの実がお金になる」という夢の国に降りた移民たちの間に大きな期待がふくらみました。

船がサントス港に着いたのは、花火大会「SÃO JOÃO, SÃO PEDRO（サンジョンサンペドロ）」のころでした。日本人移民は、その花火が自分たちを歓迎してくれていると思い、喜んでいましたが、のちにそうでなかったと分かり、無念さを感じることになりました。

ブラジルへの最初の日本人移民船「笠戸丸」

2−2 POR QUE OS JAPONESES VIERAM PARA O BRASIL? 日本人はなぜブラジルに行かなくてはいけなかったのでしょうか?

１８６７年の明治維新で、日本は工業化を進め、近代国家への道を歩み始めました。人口が増えて「人余り」の状況もあり、国は貧しい農村の人たちを中心に、アメリカやブラジルへの海外移民を進めました。農民たちは、貧乏から抜けだすための道を模索しました。

この移民制度は、ブラジルと日本の両国にとってぴったりと合った状況でした。ブラジルは、アフリカ大陸から送り込まれる奴隷を、コーヒー園での労働者として使っていましたが、外国からの批判を受け、１８８８年5月に奴隷制度を廃止しました。そのため、一層の人手不足におちいっていました。そのころの日本は、農村の貧しさが深刻化していましたが、１８００年代末には、多くの日本人移民を受け入れてきたアメリカで、差別や偏見による移民排斥運動が起こり、受け入れを制限するようになりました。政府は新たな移民の送り先として、ブラジルを決めました。日本が第二次世界大戦に参戦する1941年までに、およそ18万8000人の日本人がブラジルに送りこまれたとされます。

最初の移民船、笠戸丸でサントス港に着いた移民たちは、フロレスタ、ソブラド、デュモンという3つの田舎（いなか）の町に分かれて移動しました。ここで、移民たちを待っていたのは、暑い太陽の下での厳しい農作業でした。家はかつて奴隷が住んでいたみじめで汚い場所でした。奴隷たちのアカがにじんだ、くさくてみすぼらしい家で、トイレは地面に穴を掘ったものでした。

初期の移民たちは竹を組んだ壁に泥を塗っただけの、茅葺きの家に住んだとされます。コーヒー園で働くのは厳しい重労働だったばかりか、悪い砂地の古いコーヒー園ばかりで生産量が少なく、家族が食べる量も稼げませんでした。農場主からは安い収穫賃金を告げられ、わずかな収

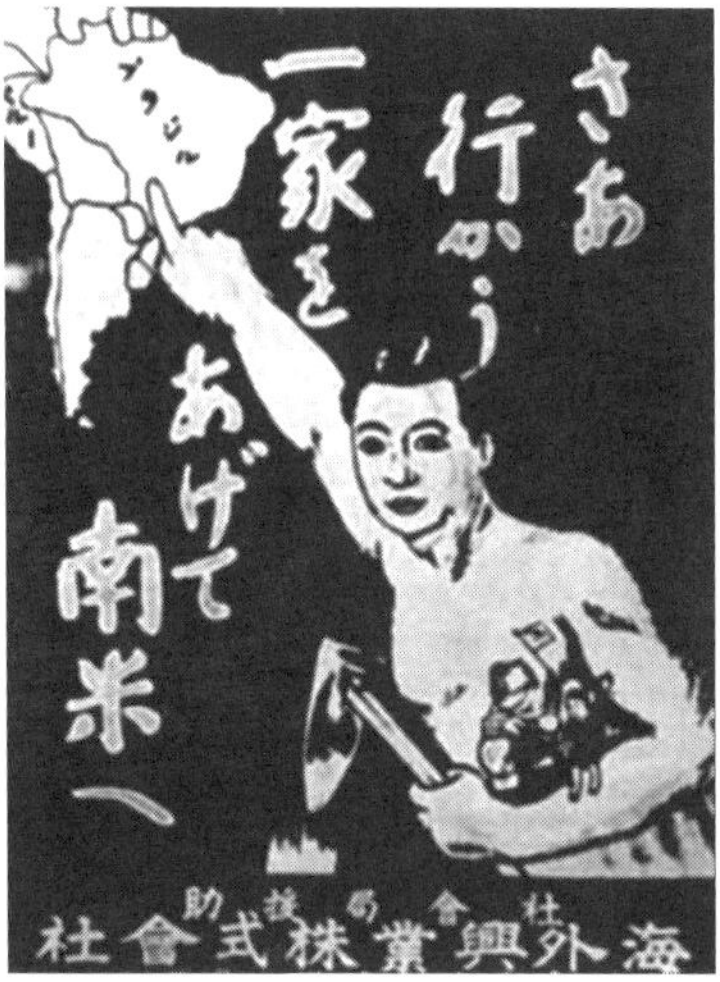

「さあ行かう　一家をあげて　南米へ」
とうたう当時の広告

入は、食料品などを高値で売る耕地内の「ベンダ」と呼ばれる売店での買い物にも消えました。

リベイロン・プレートのように、良質な赤土の土地に送り込まれた移民も一部いましたが、多くの日本人は、借金ばかりがふくらんでしまい、日本に帰るどころか日々の暮らしにも困窮しました。さらにマラリアやチフスなどの病気にかかり、命を落とした移民や、子どもたちも少なくありませんでした。「外人1」「外人2」の映画のように、自殺をする人も現れたのです。真夜中に家を抜け出し、他の場所を求めて逃げる人々もいましたが、苦境は変わりません。コーヒー豆は木を植えて4年目からようやくとれるようになり、15年はもちません。私の祖父も最初は10年で帰る計画でブラジルに行きましたが、結局は良い土地を求め、地域を転々とすることになりました。移民の間で俳句や短歌といった文芸創作は、心のよりどころになりました。「永住とあきら

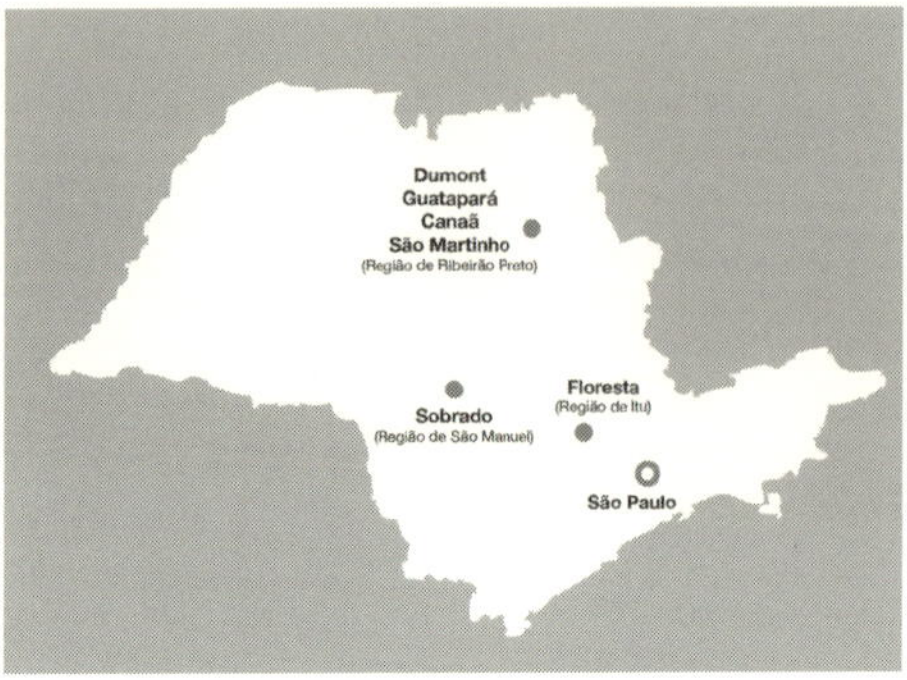

ブラジル・サンパウロ州の地図

めきれぬ畦（あぜ）を焼く」などと移住後の心を詠んだ目黒はるえは、句集に「入植当時は病や過労のため逝った人も多く、私も病に倒れ再三生死の境をさまよった。俳句こそは心の支えであり救いであった」と記しています。皇国植民会社の人間として、笠戸丸の移民輸送を監督した上塚周平（俳号・瓢骨）の創作は、ブラジル日系移民の文芸活動の始まりとされ、「夜逃げせし移民思うや枯野星」などの句を残しました。

この厳しい環境にありながら、日本人の心やがんばりは閉ざされることがなく、強い心や希望、正直さ、まじめさが、やがてブラジル人に尊敬されることになりました。信用も深まり、より良い暮らしを迎えることになりました。農業をする日本人は土を愛し、「日本人を呼べば、石の上にでも作物が生える」というほどに言われました。移民が渡って間もなくの現地の新聞で、日本人がたばこを投げ捨てずに片付けていることから、マナーの良さをとり上げられたこともあったほどです。

1920年代の日本人移民の様子

2―3 A DIFICIL ADAPTÇÃO AO BRASIL ブラジル社会に溶け込む困難

日本人移民は徐々にブラジル社会にとけ込んでいきましたが、文化の違いは明らかでした。東洋の文化と西洋の文化はまったくちがいますから、無理もありません。

ブラジルには以前から移民や奴隷として、ポルトガル人、スペイン人、アフリカ人、イタリア人、ドイツ人などが住んでいました。しかし日本人は遠慮深く、引っ込み思案として知られており、混血民族ではありません。混血が当たり前のブラジル人から見ると、顔も目が細く、体型も良く似ています。あいさつをする時も、日本人は相手を尊敬するようにおじぎをするのが当たり前ですが、西洋人は握手をしたり、肩をぽんとたたいたりして、にこやかにあいさつします。そのため、当時のブラジル人から、日本人は変わり者と見られていました。「トラックの上に載せた日本人はみんな同じだ」というジョークも生まれました。

日本人は食事の違いにも困りました。ブラジル人は肉がメインで、油っこいものが好き。主食は豆類のフェイジョンです。日本人はブラジルの食事に対応するため、工夫をして、新しいメニューを作っていきました、うれていないパパイヤを漬け物にしたり、セリやカボチャは天ぷらにしたりしました。干した牛肉は小さく切って塩に漬けた後に水洗いし、砂糖をまぶして保存食として食べました。殺した豚は脂のなかに置いて腐らないように工夫しました。

ブラジルの主食のフェイジョン豆と米（AE）

2―4　VIDA DE IMIGRANTE　移民の生活

1912年 ―― 92・6%がコーヒー園に働いていた
1942年 ―― 24・3%コーヒー、39・2%綿、19・2%野菜、果物
1952年 ―― 20・5%コーヒー、27・5%綿、34・1%野菜・果物

新聞のデータによると、日本人移民が栽培していた作物は、最初のブラジル移民が渡ったころにはコーヒー園が主でしたが、40年間で綿や、ブラジル人向けのレタス、トマト、アボーブラ（ブラジルのカボチャ）、パパイヤのような野菜など、さまざまな品種に増えていきました。1920年代後半に「コチア」や「スール・ブラジル」と呼ばれる巨大な農業協同組合が誕生し、戦前から戦後にかけて長く日本人の農業の発展を支えました。

1940年代の初めごろの移民とその家族は、サンパウロの都市部に集まり、日本人が多く集まった地区では、鳥居やちょうちん、日本語の看板などの文化を町にとり入れていくようになりました。お店、学校、レストランが大いに開かれるようになり

ました。移民の生活もこのころには確立して、良い時代を迎えました。

写真屋さんは結婚式やカトリックの洗礼、家族の記念写真などを撮影してとても人気でした。野菜屋さんは朝早く起きて、テーブルに野菜をきれいに整頓して並べて、お客さんに対し、日本語とブラジル語のなまりの言葉で「ガランチド　ボンネ（GARANTIDO　BOM　NÉ）＝これは絶対に良いものですよ」と言ってアピールし、買ってもらっていたものです。また、クリーニング屋さんはにこにこしながら、自転車の後ろの荷台にこしらえた箱に、アイロンできれいにかけたスーツを入れて届け、渡した後には「テン　ロッパ　パラ　ラヴァル（TEM　ROUPA　PARA　LAVAR?）＝洗いたい服はありますか」と言いながら、洋服やスーツを集めていました。床屋さんに美容室、薬剤師さん……と、移民のなかでいろいろな職業が生まれました。

一方、田舎では何でも売るお店が次々と誕生しました。私の父もパラナ州のコロラドという町で商売を始めた草分けの一人です。こうした店には釘やラミ草で編んだロープ、牛の干し肉、米、小麦粉、大豆といろいろな商品がありました。たばこは三つ編みのように長く編んでナイフで切り、乾燥したトウモロコシの皮で巻き、つばを付けてしめ、後は火をつけて、ぽかぽかと気持ちよく吸ったり、サトウキビからとれる甘くて強いピンガ酒を飲むのが、当時の人たちを最高の気分にさせました。このころに活躍していた商売人の会社のなかには、今もブラジルや日本で営業している日系企業もあります。

ブラジルで生まれ育った日本人の子も現れ、「ブラジルにいたい」と思う家族が増えてきました。日系人の入国を緩和する１９９０年の入管難民法の改正を受け、日本に渡った日系ブラジル人の出稼ぎも20年間が経って子どもが日本で生まれ育ち、このころのブラジルの日本人の状況に良く似ています。田舎に住んでいた日本人も、40年代以降は、パラナ州のロンドリーナや、サンパウロ州のサンパウロ市やサントス市など、子を学校に行かせようと、町の近くに移り住むようになりました。

長男は仕事一点張りで働き、家族の支えとなり、その収入は弟を学校に行かせるために使おうと、多くの家族ががんばっていました。サンパウロ大学（ＵＳＰ）の入学試験に受かった人のリストのトップ数人を、日系人がいつも占めるようになり、日系人は頭が良いという評判も広まりました。「もしサンパウロ大学に受かりたいのなら、日系人を一人殺せ」という悪い冗談も生まれたほどです。

その後の日系人もブラジル社会に溶け込んで、医者、弁護士、エンジニア、歯医者、大学の先生など、あらゆる分野で活躍するようになりました。

最初の日系ブラジル人の国会議員は、日系2世のタムラ・ユキシゲという人です。

1954年、連邦議員に就任し、ブラジル政府と日系人のかけ橋となり、農業政策や日本人の仕事や健康の面で、重要で頼れる政治家として大きな役割を果たしました。

1969年には国務大臣として、日系2世のファビオ・ヤスダ・良治が商工大臣に、1974年には、2世のシゲアキ・ウエキが鉱山動力大臣に就き、日系人の社会的成功のシンボルとして受け止められました。

2—5　SEGUNDA GUERRA MUNDIAL E SHINDO RENMEI　第二次世界大戦とシンドウレンメイ（臣道連盟）

第二次世界大戦では、日本はイタリアとドイツと同盟を結び、ハワイの真珠湾を攻撃して、アメリカに戦争をしかけました。当時の日本では、ゼロ戦と呼ばれる飛行機が空襲で使われ、戦争に負けそうになったころには「神風」と呼ばれる特別攻撃隊の18—20歳の若い青年が、敵の陣地に入り飛行機で自爆することを命じられ、国の犠牲になりました。真珠湾攻撃などの総指揮に当たった、海軍の軍人である山本五十六は戦前、アメリカを訪問したことで国力の違いを感じており、開戦に反対していた一人でしたが、反対を通しきれず、戦争に突入していきました。最後は、広島と長崎に原子爆弾が落とされ、それぞれ13万人と7万人とも言われる犠牲者が出たのです。昭和天皇がラジオで敗戦を発信した時は、すでに東京、大阪、名古屋などの大都市が焼け野原となった後でした。

連合国軍最高司令官総司令部（ＧＨＱ）の総司令官として、マッカーサーが日本を訪れ、統治した時には、日本はブラジルよりも貧しい国となっていました。戦争で親戚がちりぢりになり、日本に帰る場所がなくなった人もいました。この時期までにブラジルに渡った多くの日本人は、日本に戻るのをあきらめて、ブラジルを第二の故郷として選んだのでした。

日本の情報が少ないなか、ブラジルの日系人社会で生まれたのが、日本の勝利を信じる「シンドウレンメイ」です。1941年の太平洋戦争開戦とともに、ブラジルは日本の敵側に回りました。国内の日本人やイタリア人、ドイツ人を厳しく見張り、日本人学校を閉鎖しました。治安悪化を理由に、サンパウロ市で日本人が集中していたコンデ・デ・サルゼーダス街には、立ち退き命令も出されました。

国歌の演奏、天皇の肖像の掲載、日本語を使うことも禁止され、ポルトガル語を強要されました。短波ラジオの日本語放送も聞けなくなりました。日本人の集会も禁止されたため、日本人の移民同士のコミュニケーションがとれなくなり、どちらが戦争で勝っているのか分からなくなりました。

ついに日本人会のなかで、敗戦後も日本の敗戦を信じず、戦争に勝ったと主張する「勝ち組」と、敗戦を認識した「負け組」とに分かれ、大混乱が起きました。日本では2600年の歴史のなかで、1回も戦争に負けていないとされ、ブラジルに住む日本人のなかでは「神々の国」日本は、絶対に世界との戦争に負けないという強い思いと自信に満ちあふれていたのです。

戦後まもなく、勝ち組を名乗る「シンドウレンメイ」が、日本人が多いサンパウロ州を中心に置かれ、テロ行動を指揮するようになりました。シンドウレンメイと負け組が対立し、日本人同士の銃の撃ち合いで27人の死者を出す事件が起きるなど、日系人社会に黒い影を落とすことになりました。日本が負けたという情報を得た負け組の人たちが、ほかの日本人移民に知らせようとしたところ、日本の勝ちを狂信的に信じる勝ち組から「おまえらは国家の裏切り者だ」と言われて、殺されていったそうです。ブラジルの当局は、徹底した取締まりと大量逮捕で、日本人の活動を抑えました。

当時、勝ち組についた日本人の家族は12万人にもなったとも言われました。日本の勝利を信じた日本人のなかには、帰国費用のために自分たちの家財道具を全部売って、お金をシンドウレンメイに預けた人もいましたが、シンドウレンメイに警察の手が入ったため、このお金も当然消えてなくなり、帰れなくなりました。

日本とブラジルの国交が再開されたのは１９５２年のことです。その翌年から戦争で中止されていた日本人移民の受け入れも再開しました。

2―6 UNIAO E DESUNIÃO DA COMUNIDADE 日本人コミュニティ

最初の移民――日本人――は、ブラジル国内ではひと目で分かる人種です。目は細く小柄で、肌の色はＡＭＡＲＥＬＡ（黄色人種）。日本人会ができて、集団で助け合って行動していました。しかし、月日が過ぎるにつれて、子どもの教育に力を入れるようになると、ブラジル人との距離も縮まり、社会からも受け入れられるようになりました。もともとブラジルはさまざまな国からの移民が集まっている国です。日本に帰らないという決断をする人が増えてきた戦後には、日本人以外のブラジル人との結婚もオープンになってきました。ただ、日本人のおもしろいくせとしては、自分たちの方が外人なのに、純ブラジル人を「外人」と呼ぶことです。

１９４４年に生まれた私が、少年時代を過ごした50年代には、日系人はサンパウロ州とパラナ州に集中し、それぞれの町に会館を建設して、男女が集まる青年会がありました。ここでは運動会や盆踊り、野球や卓球の大会を開いていました。日本映画の上映会には、原節子や若尾文子、三橋美智也、鶴田浩二、吉永小百合、橋幸夫など有名な俳優が出演していました。

一番盛り上がる競技は陸上でした。100メートル、200メートル、400メートル、1500メートルのリレーで日本人学校同士の競争がありました。こうした競技のなかで、日系人の精神面や身体が鍛えられ、体力的にも強い二世たちが誕生しました。

青年会が開く催しのなかで、競い合った男女の間で新しいカップルが誕生していきました。お寺の盆踊りでは恥ずかしがり屋の二世も「CORREIO ELEGANTE（エレガントな郵便）」と呼ばれる、当時流行したラブレターのような紙に、好きな相手の名前と自分のあだ名、「きれいですね」「気に入っています」とメッセージを書いて、友達を通して彼女に渡しました。これが交際の始まるきっかけになりました。

女性は結婚する前に裁縫と料理を習い、男性を胃袋でつかむ手段を使いました。男性は米国の人気俳優、ジェームズ・ディーンのまねをして、ジーンズをはき、ハーレイに似せて飾り付けたバイクで走り回って、女性のハートをつかもうとしました。1人の女性をめぐって男性同士がぶつかることもたびたびあり、これも時代の流れだったのかもしれません。日本人は小柄ではありましたが、実は、ブラジル人から恐れられていました。全員が柔道を知っているので、倒されても必ず、やり返して殴られると思っていたからです。

今、日本に来ている出稼ぎの日系ブラジル人も、初めのころは車の部品工場が多い地域に集中して住んでいました。会社の近くに住んでいて、自転車に乗って通える範囲にいたので、ブラジル人同士で助け合う心は今より強かったと思います。その後は、車を買って自由自在に動き回れるようになりました。日本の各地を回って仕事を選び、時給の高い会社に応募して、引っ越しを盛んにするのが当たり前のようになりました。家から仕事に出て、また家に帰るという決まったルートでしか活動をしていませんでしたし、会社に通訳もいるので、日本語の会話も少ししかできませんでした。

今は子どもの学校のことを考えて、住みやすい所を選び、家を買うブラジル人も現れ、さらに状況が変わってきています。愛知県の豊橋や静岡県の浜松、三重県の四日市や鈴鹿、群馬県の大泉、滋賀県などが、ブラジル人が多く集まっている地域として知られ、私が住む岐阜県の美濃加茂や可児、関なども住みやすい町として、多くのブラジル人の家族が集まってきています。

2―7 SEGUNDA COMITIVA DA IMIGRAÇÃO 戦後の第2次ブラジル移民

戦中から戦後間もなくの日本は、経済危機に陥り、国民はどん底の貧乏を味わい、食べる物も充分にありませんでした。敗戦後10年から15年間にかけて、日本の高校や大学を卒業した若者や家族らが再びブラジルに渡りました。最後の移民船「にっぽん丸」が運航されたのは1973年です。以後、移民は空路で行き来するようになり、日本の高度経済成長に伴い、終わりを迎えました。

戦後のブラジル移民は「JAPÃO NOVO＝新しい日本人」と呼ばれ、6万人にも上りました。今までのように経済が発展した州ばかりではなく、ブラジル北部や東北部のアマゾン州、パラ州、マランニオン州、バイア州などに散らばりました。なかでもパラ州のトメアス市は、こしょう園として栄え、全世界で名前を知られる産地となりました。東北のバイア州の工業化は1960年代に始まり、石油コンビナートを中心として、テイジン・テトロン、三菱レーヨン、旭化成、トーホープラスチックなど日本企業も含め、油田開発を狙うフランスやイギリスの企業など、次々と外国企業が建設されました。

発展が急激に進んだバイア州のサルバドル市では、高層ビルが建ち並び、新しい住宅開発が始まりました。肥料や銅、プラスチックを製造する重工業は、カマサリ地区、繊維などの軽工業は、アラツ地区が中心となって分かれました。最近でも移民100年祭をきっかけに、日本とブラジルの両政府の交流が芽生えてきているのか、パラナ州やサンパウロ州、ミナス州の州統領が日本を訪れ、企業の誘致を呼びかけています。バイア州統領のジャック・ワグネル氏は「常に日本にアピールをしていくうちに、自分の州に目を留めてくれることだろう」と語っています。

残念ながら、ブラジルでインフレが発生した1970年代以降、日本企業の多くがブラジルから撤退しました。しかし100年祭をきっかけに、控えてきた交流が活性化してきています。かつて撤退した日本企業も、再び経済発展が進むブラジルでビジネスチャンスを狙い、日本の工場で働き方を学んだ日系の出稼ぎを活用することで、雇用の問題を解決し、ブラジルの良い所を再認識してもらえればと思います。

日本の自殺者は年間3万人と言われますが、ブラジルで自殺する人はほとんどいません。日本政府はブラジルへの移住プログラムを考えてみてはどうでしょうか。ブラジル人の明るさやダンスに触れ、日本人がかつてブラジルで名をあげた農業を通じて、にっちもさっちも行かない、引きこもりの人たちの目を覚ますことができれば、日本人の自殺者も減らせるかもしれません。先に述べたように、ブラジルには全世界の民族が住んでいて、公用語のポルトガル語はもちろん、アラビア語でもスペイン語でも、習いたければ好きなクラブに入ることができ、日本人を受け入れる土壌はすでにあります。

3. CORAÇÃO DIVIDIDO 50% JAPONÊS 50% BRASILEIRO

——ブラジルと日本への思いが半々に分かれたハート

3―1 O JAPÃO VISTO DO BRASIL E VICE VERSA ブラジルから見た日本、日本から見たブラジル

最初に移民した人たち、そして10代でブラジルに渡った私の父や母も、日本人とブラジル人の心が半々の気持ちでいました。父は1978年に50年ぶりに、ふるさとの福島県会津市を訪れ、親戚やいとこと出会うことができて、歓迎され、懐かしくうれしい思いで帰ってきました。しかし、ブラジルに帰ってきてつぶやいたのは「やはりブラジルが良い」という言葉でした。自分が幼いころに通った道を散歩もしましたが、物も人も変わってしまい、昔のおもかげは消えてしまい、何かが一つ足りないような感じがしたと語っていました。

1953～60年ごろに多くブラジルに渡った「JAPÃO NOVO」と呼ばれる日本人も、ブラジル人社会にはなじんでいたようでしたが、日本の良さも忘れられず、複雑な思いを抱えています。11歳でブラジルに渡ったある日本人は、日本とブラジルを比べて、「ブラジルは人間の温かみがあり、日本より気楽に住めるのがいい」と話しています。「出る杭は打たれる」というような日本の厳しさに比べて、ブラジルに

は人間が生きる自由さがそのまま残っているといいます。

一方、日本にいる別の日系ブラジル人の意見によると、ブラジルは治安の悪さと法律が守られないのが欠点です。日本では真夜中に一人で歩いていても安心で、冬に車が暖まるまで、外でエンジンをかけて置きっぱなしにしておくことなど、ブラジルでは考えられないことです。日本の警察官は優しく対応してくれますが、法律には厳しいといいます。ブラジルに続く空を眺めながら、ブラジルにもいつかこういう時代が訪れるのだろうか、と夢を見るようにつぶやいていました。

ブラジルで生まれ育った私の目から見ると、日本がどうして世界第二位の経済大国となれたのか不思議です。日本はブラジルの23分の1の面積しかなく、山が多く、海に囲まれていて資源がない国です。これは教育の効果としか考えられません。戦後の教育が日本を大国に押し上げたのではないかと思います。それにもう一つ、田んぼで米作りをがんばっている腰の曲がったおじいちゃん、おばあちゃんの努力のおかげではないか、と私は確信しています。しかし残念ながら日本では、この人たちが大事にされていないような気がしてなりません。

日本の美しさは自然が教えてくれます。4つの季節にはっきりと分かれているので、見るものが常に変わり、楽しみがシーズンごとに味わえるのも日本の良さです。日本のテレビでは、常に国民の知識を高めるため、教育や食事、クイズなどのプログラムを用意していて、レベルアップを図ろうとしていることも評価しなくてはいけません。日本の高齢者の大半は保険に加入しているし、世界で一番長生きするのも日本人です。90％が携帯電話を持ち、70％が自家用車を持っています。

日本のすばらしい所は、狭くても整備された道路、ルールがきちんと記された標識です。田んぼのなかにまでアスファルトが敷かれている地面を見ると、ここは先進国なのだと感じさせられます。ブラジル人にこのことを話したら、ジョークだと思われるでしょう。高速道路の料金は高いですが、アスファルトの質が良くて、スピードが出せるので、車の運転が好きなブラジル人にとっては、とっておきの移動手段です。

日本には交番もあり、サンパウロ市ではこの交番システムがとり入れられ始めています。近くに

日本の交番の巡回システムを視察するブラジルの警察関係者（岐阜県加茂郡）

住んでいる住民の顔を知っていることで、犯罪の解決に結びつくのは確実です。

もう一つ、外国人の目に留まるのは、野菜や果物が道ばたで売られているのに、盗まれないことです。先祖代々伝わる日本の教育には頭が下がります。こうした日本の文化や生活になじんできた出稼ぎは、次第に日本が好きになります。安全が確保されており、警察や法律が身近な国民の生活にかかわっているのを見ていますと、ブラジルに帰国しようとするのは後回しになります。日本にはモラルがあります。たとえ総理大臣の息子であれ、有名な歌手であれ、間違った行動を起こしたら、すぐに警察に捕まり、それなりの処罰を絶対に受けることになります。ブラジルも逮捕はされますが、弁護士の力や金次第で罪が少し軽くなります。

日本に住もうと思う外国人は、そうした日本のしきたりや習慣を覚えて、近所と仲良く暮らすことが必要です。それがゲストとしての務めでもあり、役割でもあるでしょう。

私が留学生で来た当時、食べたあめの紙をくるっと丸めて、投げ捨てたところ、近くにいた日本人の近くに落ちて、投げ捨てたのがばれてしまいました。私は紙を慌てて拾い上げましたが、ゴミ箱に捨てるまで、じっとにらんでいました。とても照れくさく、捨て終わった後に「どうもすみません」と謝りました。

にもかかわらず、日本で、毎年3万人の自殺者と70万人のひきこもりがいるというのは寂しい記録です。豊かさの反面、みんなが物事に追われているので、昔の日本人の気持ちに戻りなさい、という一つの合図なのかもしれないと思うのです。会社の上司と後輩の関係ではプレッシャーがかかるし、自分で自分を責めることをやめて、友人や母親などに相談したり、セミナーなどに通い解決の糸口を探ったりするのが良いと思います。

そういう点では、ブラジル人はいつも陽気な気持ちを持っていて、世界で一番ハッピーな国民といっても、過言ではありません。自殺率は日本の7分の1以下で、まず自殺する人はいません。ブラジル人は困っている人や道ばたで倒れている人を見ると、わっと集まります。こういうブラジル人の助け合いの精神を「ソリダリエダーデ（SOLIDARIEDADE）」と言います。

希望をなくした日本人は、ブラジルでチャンスを見つけてはどうでしょうか。ブラジル人は貧乏が嫌いなので、貧乏から抜け出そうとするエネルギーがあります。おしゃべりも上手で、常に音楽とリズムを楽しみ、人と人との交流が盛んです。困った時には友達やきょうだい、カトリック教の牧師さんに助けを求めます。家に閉じこもることもありません。日曜日の朝は教会に行って、昼にはサッカーを見に行ったり、クラブ活動や踊りを楽しみます。日本で盛んな仏教のお寺も、相談の窓口を設けないといけないのではないでしょうか。亡くなった人のために拝むことも良いですが、生きている人を助けるのが最も大事な宗教の役割だと思います。

戦後の日本は、アメリカのものだったらとにかく良い、という発想で文化や音楽をとり入れてきたので、アメリカの影響力が強くなりました。私たち二世が訪れて見た日本と、おじいちゃんや父から聞いた昔の日本は、大違いでした。なかでも、日本人が一番好きなごはんのことを「ライス」と呼んでいるのはショックな出来事でした。織田信長の時代にポルトガル人が日本に上陸してパン（ポルトガル語のPÃO）を伝えましたが、日本人が英語のブレデ（BREAD）と呼んでいなくて良かったです。

3―2 A CULTURA BRASILEIRA DENTRO JAPÃO
日本のなかのブラジル文化

日本は先進国で世界第二位を誇ってきた経済大国。一方のブラジルは新興国でこれから伸びる国と言われており、経済の発展が期待されるＢＲＩＣｓの一国に入っています。これからのブラジルがもっと世界に知られ、尊敬される国となることを期待しています。移民１００年祭も終わり、日系人はブラジル社会から尊敬され、信用できる国民となっています。

日本はブラジル人と触れ合うことで、少し朗らかになったことと思います。

ブラジルと言えば、最初に思い浮かぶことは「サッカーが上手な国」であることで、確かにそう思ってもらってもおかしくありません。１９５８年のサッカーW杯のスウェーデン大会で、ブラジルは初めてチャンピオンになり、ペレという18歳の黒人選手がスターとなりました。ペレは今でも世界のサッカー王と呼ばれ、62年、70年のW杯を合わせて3回もブラジルを優勝に導きました。１３７５試合にプロ出場し、１２８４ゴールを決めました。この記録はまだ誰も破っていません。

――というのも、ペレの時代はサッカーボールが高価で少なく、女性のストッキングに紙や布きれを詰めたものでボールを作っていたのです。このボールでドリブルなどの練習をしたので、優れた技術を生んだのではないかとされています。日本ではマラドーナの方が有名ですが、ペレには及びません。日本では子どもたちがどこでもキャッチボールをして、野球をしているように、ブラジルの子どもはボールさえあれば、サッカーばかりしているので、上手になるのは当然のことです。

日本ではJリーグができて間もなく、ブラジル人のジーコ、ラモス、それにブラジルに渡って修業をした三浦和良選手が日本のサッカーを盛り上げました。ジーコは、鹿島アントラーズを何度か優勝に導き、地元の茨城県にはジーコの銅像まで建ちました。2010年に、南アフリカであったW杯のサッカーは、日本の一次リーグ突破で大いに盛り上がり、日本人に多少でも元気さをもたらしたのではないか、と感じることができました。

日本のJリーグでは、数万人のサポーターがサッカー場を訪れる試合も少なくありません。サッカーの試合で応援する元気なサポーターの若者は、人生にやりがいを感じて、自殺したいなんて思いはふっとばせるでしょう。日本のサッカー場では、サポーターが、ブラジルの試合の応援に負けないくらい大声で叫んでいて、ストレス解消に役立っています。

2008年には、優れたカーニバルの踊りの技術養成で知られる「ベイジャ　フロル」という学校から、半裸姿の女性たちが東京に踊りに来て、サンバとはどういうものかを日本人に紹介して驚かせました。これもブラジル人独特の朗らかさを、日本に伝えた一例です。日本で有名な歌手のマルシアは、日系ブラジル人3世ですし、アントニオ猪木は、少年時代にブラジルに渡り、コーヒー園で働きました。力道山のブラジル巡業を見て日本に戻り、弟子となって活躍したのです。

サンバを楽しむさまざまな民族のブラジル人ら（AE）

3－3 OS DEKASSEGUIS EM BUSCA DE MELHORES COND. FINANCEIRAS 一旗あげにブラジルから出稼ぎへ

1990年に、日本政府が入管難民法を改正し、日系人に活動制限のない在留資格を認めたことをきっかけに、日系ブラジル人が出稼ぎとして、次々と日本を訪れることになりました。混血の日系2、3世のほか、配偶者や子として日本人の血を引いていないブラジル人も多く入ってきました。

出稼ぎという言葉は元々、日本で使われていた言葉です。北海道や青森、秋田、福島などの寒い地方に住んでいた人たちが、雪のため、3、4カ月は仕事もなく、作物もとれないので、東京近辺で働いて、金を稼いで貯めるようになりました。その言葉を日系ブラジル人が引き継ぎました。

しかし、日本の北国の人と日系人が最初に携わった仕事は、共に3K（きつい・きたない・危険）と呼ばれる工場での仕事でした。早い時期に来日し、この3Kの仕事を覚悟して乗り越えた日系2世たちは、出稼ぎの草分けの役割を果たしたがんばり屋だと思います。2世たちが心に抱いた日本に来た目的の大半は次の通りです。

・住宅を購入する
・個人のお店を持つ
・収入、貯金を増やしたい
・借金を返したい
・子どもに勉強をさせたい

サンパウロの空港から日本に向かった2世たちは、家族と遠く離れて暮らす寂しさと共に、日本で稼いでもっと良い状態で帰れれば、という喜びを抱えていました。かつての移民船では、日本からブラジルまでは50日間かかり、病気にかかる人もいました。今はたったの24時間で地球の裏側に着けることを考えれば、私たちは昔の日本人移民たちに、1000回もの感謝の言葉を唱えても足りないと思います。このことはいつまでも忘れずに、胸の奥底にしまうべきです。

1980年代後半は、日本語が堪能な2世が中心となって、日本に向かいました。90年代には、派遣会社や日本にいるブラジル人を頼り、純粋なブラジル人の妻などの家族を一緒に連れて、日系の2、3世で、日本語が全然話せない人たちも多く来るようになりました。

さらにブラジルで労働者の権利が強くなった2000年以降は、経営が悪くなった中小企業の経営者や、年金が少ない50〜60代の日系人たちが、一旗上げようと日本を目指して来ました。というのも、ブラジルでは何十種類もの税金を支払うため、高い税金を払う中小企業の経営者は、苦しい思いをして暮らす毎日が続いています。その反面、日本では消費活動にかかる税金は5％の消費税だけで、国民が支払える金額でもあります。資本金が少ない中小企業の税金は、優遇されています。

ブラジルでは、作業者が残業代を求めて裁判を起こした場合、弁護士の力で勝つことができるため、経営者の支払いが増えて企業が破綻するケースもあります。このことが日系ブラジル人の出稼ぎの理由の一つとも言えます。ボリス・カゾイという、有名なブラジル人記者は、テレビを通じて「恥ずかしい状態です」と訴えました。この課題は次の大統領に期待を寄せるしかありません。

日本で出稼ぎに与えられた仕事は、同じ作業の繰り返しで、考えずにできる仕事なので処理スピードが早く、体力がある18歳以上の若者がすぐに採用されます。50歳以上の作業者が、働けずにとり残されていますが、日本の企業に気づいてほしい点があります。年齢の高い人たちは、責任感があり、休まないし、がんばり屋です。それにこれが最後のチャンスと思い、会社を裏切ることはしません。1世の父母から直接日本人としての考え方を教えられているのも、2世と3世の違いです。このことを日本の経営者の方々に分かってもらいたいのです。

ホンダや日産、三菱、シャープ、パナソニック、ソニー、NECなどといった日本の大企業は、トヨタの「JUST IN TIME」方式を採用し、少ない在庫で運営するのでコストがかさみません。会社内では「5S（整理、整頓、清掃、清潔、しつけ）」が徹底されているので、外国人にとっては、マナーや作業のシステムを学ぶチャンスでもあります。

日系ブラジル人は、月末には自分のふところにお金があることが魅力で、残業を好み、働く大きな動機となっています。そこで「GAMBATEAR」という新しい言葉を生み出しました。これはがんばって仕事をすれば、何でも求められるという意味合いです。

3—4 DICAS E INFORMAÇÕES ÚTEIS PARA OS DEKASSEGUIS 出稼ぎに役立つ情報

I．日本で出稼ぎとして生きる将来について

日本は高齢社会で出生率が下がる時代になっています。経団連の予測では、日本経済は、今後も外国人作業者に頼らざるを得ないと推定しています。２０５０年に、現在１億２７００万人いる日本の人口は１億人まで減り、出生率は１・25にまで縮み、人口が減るために工業生産もダウンすることでしょう。２０００年当時、日本大学経済学部の小川直宏教授は、これからの日本には３つの方向性が必要となると唱えました。

(1) 女性が子どもを産み、出生率を高めること
(2) 65歳以上を老人としてきたが、これからは75歳以上にする。それに伴って定年延長をし、就業形態を変え、年金支給開始年齢を、60歳から65歳に高める
(3) 外国人の定住者と永住者を増やす

島国で暮らす日本人にとって、外国人を受け入れる政策はなかなか難しい点がありますが、ある入国管理局の役人は「日本人は外国人への先入観を抑え、近寄ることも今後の道だ」と語っています。さまざまなNPO団体が、外国人への教育をしていますし、ブラジル人も多く働くオートバイ製造のヤマハ発動機では、社内で日本語を教えています。別の専門家は、「日本にもっと混血の人たちが増えてもいいのではないか」と語っています。外国人は、日本に元気を与えてくれます。日本の国技である大相撲も、モンゴル出身の朝青龍と白鵬の両横綱が、日本人を相手に大活躍して、盛り上げてきました。

Ⅱ．ブラジル人作業者

日本企業の大半は、ブラジル人の作業者が働くことを好みます。ブラジル人は仕事を早くすませようとしますし、自分でやりやすいように、ベルトや作業の流れを改善していきます。お金が稼げれば、残業があってもかまいません。私はテレビを製造する大手家電メーカーの工場に勤めていましたが、この工場内では、ブラジル人のアイデアが表彰されるケースも少なくありませんでした。知恵を働かせて作戦を立て、道を探るのが得意なのは、ブラジル人のサッカーの戦略を見れば分かります。

日本では昔から団体行動が好まれ、助け合います。こうした行動が自然にとれるのも、地震や台風、津波などの自然災害が日本を襲うのに、対抗するからかもしれないと思います。会社や工場のなかで部長さんや課長さんが、従業員と一緒に掃除を手伝うという姿も、日本でしか見られない光景かもしれません。なので、ブラジル人ももっと活発に日本人の団体のなかに飛び込んで、一緒にいろいろな活動、例えば道路や団地の周辺の大掃除などの団体行動に参加すれば、日本人の見る目も変わってくるに違いないです。

Ⅲ．出稼ぎと話し合う首長たち

世界を襲った、２００８年秋の経済危機後、静岡県浜松市や岐阜県美濃加茂市、群馬県大泉町、愛知県豊橋市などの、外国人が多く住む自治体の首長たちも、失業者が増えたことから、いろいろな手段を使って対策を模索していますが、一向に経済が立ち直り景気が回復する見通しは立っていません。こうした地域のハローワークでは、通訳ができるブラジル人相談者を雇い、日系ブラジル人の苦しみを和らげようと努力しています。地域の首長たちも、「ニューカマー」と呼ばれる南米中心の日系人を中心とした、多文化共生社会を考える「外国人集住都市会議」を作り、年に1回、日本政府に外国人政策を訴える話し合いの場を設けています。参加自治体は28の都市に上ります。

Ⅳ．ブラジルに帰国するか日本に残るか？　出稼ぎの苦しい選択

ブラジル人が日本で、毎日厳しい仕事に耐えてがんばっているのは、目的があるからです。苦労して集めたお金を何に使い、貯金するか。計画を立てて帰国するか、それとも日本に永住するか、家族と相談して判断していけば間違いを起こさないで済むでしょう。

2010年、東京で開かれた「外国人集住都市会議」

出稼ぎの収入は、リーマンショック前と比べて大きく減っているので、お金を貯めることが難しくなってきています。日々新しく変わる日本の電化製品を、買い続けるのにはまってはいけないですし、お金がないことで帰国の目的がある人も、ずるずると先に伸びる可能性が出てきます。

日本に残りたいブラジル人はその理由をこう考えています。

(1) 経済面の好条件
(2) あらゆる安全が確保されている
(3) 日本文化が好きになった(歴史、音楽、絵、スポーツ……)

また、ブラジルに帰国したくない理由もあります。

(1) 税金が高い
(2) 真剣さに欠けている
(3) 法律はあるが、大半は守られていない
(4) 犯罪者の50年の罪も、お金や弁護士の力で20年、10年、5年となって、自由を得られるのは国民にはたまらない
(5) 治安の問題で政府が厳しくとり締まらない
(6) 政府内、閣僚たちの堕落で国民の生活が一向に良くならない

この不幸な問題は、ブラジル政府の官僚、あるいは国民が代表を良く選び、なくしていくことが鍵です。全世界に散らばる出稼ぎが声を挙げて、ブラジルの国を軌道に乗せていくことが望ましいです。

V．ブラジル人作業者がどういう時に妨げられるか

人口が減り続けるこれからの日本が、外国人作業者の労働力に頼らざるを得ないことは確かですが、自動車事故や、窃盗などの犯罪にかかわるケースも起きているため、外国人の就職の妨げとなっています。そこでブラジル人に次のように提言します。

(1) 日本人ととけあって、町の清掃や、いろいろな活動にもっと参加することが距離を縮める第一歩です

(2) 日本語が話せて、書けて、会話ができるようにならないと、安定した仕事は考えられません

(3) 借りたアパートは破損せずにきれいに保つと、賃貸主ももっとたやすく貸してくれるでしょう

(4) 仕事を休むのは避けるべきです

名古屋の市場戦略会社、イーブラジル社は、ラテン系の出稼ぎが犯罪にかかわらないよう、外国人の生活指導をしています。出稼ぎは仕事が早く、作業改善力に優れているということを、日本人の企業者は知っていますが、やはりマナーやルールを守っ

てもらうことが一番気を配る点です。ブラジルから、日本への出稼ぎが始まって20年間がたち、もう日系4世の時代に突入しつつあるので、両国語を勉強することが必要となってきています。

Ⅵ．日本の派遣と請負労働システム

日本のバブルが弾ける少し前から、製造業を中心に人手不足の状況にあり、日本政府は日系人の入国を認めるようになりました。外国人に仕事を仲介する派遣会社は、8000社にのぼったと言われ、ブラジル国籍だけで、32万人の日系人が日本を訪れました。派遣会社は通訳を雇い、外国人のアパートや仕事の手配から、職場への送迎、ビザやパスポートの申請手続きなど、必要な書類を何でもとってくれました。一方、こうした派遣会社は、厚生労働省の監視の目が届く以上に増えて、労災や勤務上の法律を守らない問題が発生し、労働組合が活発に動くようになりました。

また、業務請負会社の責任は重く、派遣社員の作業工程を知らなくてはなりません。親会社は、ある特定の部分の業務を請負会社に任せ、工程、品質、生産量の管理をさせるので、不良品が多発した場合は、自らの利益が削られます。作業が難しい反面、管理や組織が良くコントロールされており、外国人作業者も比較的安心して働くことができました。

Ⅶ．社会保険料と年金

日本企業で働く多くの出稼ぎは、車や車の部品、電気部品メーカーの工場に働き、仕事一点張りです。本当は、社会保険に加入しなければならなかったのですが、当初は、ほとんどの派遣会社は加入させていませんでした。今は、徐々に加入させるようになってきましたが、もっと以前から入っていれば、働いていた期間を年金に数えることができたでしょう。農業や自営業の人が、支払うことになっているのが国民年金です。工場で働いていた期間は、社会保険に加入するべきですが、今までの派遣会社や外国人が、制度に入るのを避けてきたのも、政府の管理が行き届かなかった責任であるような気がします。外国人作業者は失業者となると、社会保険から国民保険へと加入を切り替えるしかありません。

社会保険に加入する利点は次の通りです。

(1) 病院や医師にかかった時の医療費の自己負担が30％で済む
(2) 子の出生に35万円が支給される
(3) 出生後に42日から56日の休暇がもらえる

(4) 子ども手当の受給——など

ブラジルと日本の政府間で、年金の二重加入などの問題を解消する社会保障協定が、2010年7月に合意されたことはめでたいことです。これまで、外国人の不払い問題も起きていましたが、今後、両国で働いた期間が加算されて、どちらの国でも年金が将来もらえるということになれば、大きな社会的な意味があり、安心して働くことができます。両国の交流がますます深まるでしょう。

支払った年金をブラジルに帰国した後、毎月給料から差し引かれた分——6カ月分から36カ月分——の60%は、ブラジルでもらえる制度もあります。ブラジルへの帰国前に、近くの社会保険事務所に行き、ブラジルから東京の社会保険事務所の窓口まで送付します。社会保障の協定と関係ない支給制度ですが、どちらが良いかは今後判断する必要があるでしょう。

Ⅸ. 担当者と通訳の存在

軍隊的で、管理が厳しい日本企業の工場で外国人が働くには、すべての人に同じように指示が伝わるシステムが必要です。そのために「担当者」や「通訳」と呼ばれる人材が欠かせません。担当者は、通訳よりも業務が幅広く、労働者の病院の送迎や住居の用意など生活の管理もしています。担当者と通訳が、日本人の管理者と日本語が分からないブラジル人労働者の架け橋の役割を果たし、生産をスムーズに進め、不良品が発生しないようにしました。こうして、日本の工場で働く南米労働者は50万人に達し、ブラジル人もピーク時に32万人が滞在しました。しかし経済危機以降は25万人にまで減りました。

私も体験しましたが、会社と作業者の間に立つ担当者や通訳の立場は、困難なものです。会社側に立ち過ぎると労働者に嫌われ、労働者に近い立場だと安定した仕事ができず、信用を失います。どちらにも、ひいきしないようにしなくてはなりません。通訳をするには両言語が堪能でなければならないし、けんかなどの通訳は明確に言葉を伝え、通訳者はただ通訳をするだけであることをはっきり言わないと、トラブルに巻き込まれるケースもたびたびあります。困っているブラジル人の手助けをするのは担当者の役割ですが、家族の歯医者の送迎にまでつきあわされるような個人的なわがままに関われば、ばか者だと冷やかしの対象にもなります。

ブラジル人が一番嫌うことは、人の前で大声でしかられることです。大きな恥をかくことだと解釈するからです。ブラジル人が作業を失敗した場合、言い訳をして人のせいにしたがります。反省はせず、ウナギのようにするりと逃げます。しかし日本では失敗の理由を求め、次に起こさないようにする方法を考えなさいと指導されます。なので、自分の失敗で物を壊したりした場合には、「ごめんなさい」と謝った方が近道である、と指導しました。

4. FILHOS SEM NACIONALIDADE (APATRIDAS)

——故郷がない子どもたち

20年間の出稼ぎ交流が始まってからしばらくの間は、日本で生まれたブラジルの子どもたちは、故郷がないとみなされていました。日本では国籍を日本人として認められず、ブラジル人の親は自分の子どもがブラジル人だと思っていましたが、パスポートには「故郷なし」と書かれていたのです。１９９４年、当時のイタマル・フランコ大統領が法律を変え、ブラジル人はブラジル国内で生まれた人だけであるとしたため、この大きな問題が発生しました。

法律の改正運動に力を入れた日系人のカルメン・ルシア氏の力で、ＰＥＣ―２７２と呼ばれる法律が改正され、「故郷有り」と認められるようになったのです。アメリカやヨーロッパの国々に渡ったブラジル人についても、同じように認められるようになりました。

4—1 ESCOLA—ESTUDO 学校と勉強

日本では戦前から教育を大事にし、中学までの義務教育があり、国が国民の教育を支援してきました。第二次世界大戦に敗れ、ゼロからスタートした日本が立ち直ったのも、教育のおかげと言っても過言ではありません。小中学校では科目の勉強のほかに、体育などの運動もあって、精神的にも身体を鍛え、そのなかで社会のマナーやルールを学び、大人になります。

日本のブラジル人出稼ぎは、金もうけのために来て5年くらいで帰国する人もいます。ブラジルの小学校は義務教育ですが、みんなが通うとは限りません。田舎だと学校が通える距離にない地域もあります。なので、日本で暮らすブラジル人のなかには、勉強を必要とせず、子どもを学校に通わせることをばかばかしく思い、通わせなかった親たちがたくさんいました。学校を卒業していなくても日本語を知らなくても、会社に行けば同じ給料がもらえるし、通訳が助けてくれるという甘い考えでいたのです。

また、ブラジルには貯金する文化がなく、２００８年のリーマンショックが起きて、残業がなくなったり解雇されたりして収入が減り、お金がなくなって初めてどうするかを考えるようになりました。貯金をたくさんする日本人のことを「貯金アニマル」と呼んでいたほどですが、リーマンショック後のブラジル人出稼ぎの考えは、一転しました。

以前は、ブラジルでは考えられない大金をもらっていたので、新しい車を買ったり、家を買ったりしていましたが、今は厳しく収入を管理している家庭も増えています。愛知県一宮市のＮＰＯ法人「交流ネット」が、日本に残ることを前提とした失業ブラジル人の生活支援として、ホームヘルパー講座を行うなど、従来の製造業だけでなく、職場の選択の幅を広げようとする、新たなとり組みも出てきています。

日本に住み始めると、どうしても日本のことが好きになりますが、リーマンショック後は、日本語を覚えなくては滞在することが難しくなってきています。ホンダやトヨタのように、ブラジル人の研修生を雇い、機械や電気の専門技術を学ぶコースを開き、ブラジルの現地法人で、社員として働く制度を設けている会社もあります。

4—2 ESCOLA BRASILEIRA OU JAPONESA — EM QUAL ESTUDAR? ブラジル人学校と日本の学校の、どちらで勉強するべきか?

出稼ぎの親は、子どもをブラジル人学校に通わせるか、それとも日本の公立学校に通わせるかで悩みます。もちろん親は、子どもにとって一番良い選択をしたいのですが、どのくらいの期間日本にいるかが、はっきり決まっていないケースもあります。ずるずると年月だけが過ぎて、子どもの教育が中途半端になり、結果として子どもの将来が妨げられることも少なくありません。

もともと2、3年でブラジルに帰るつもりだった親は、ポルトガル語で学ぶブラジル人学校に、子供を入学させてきていました。リーマンショックが起きて失業者が増え、授業料を払えないので学校を辞めさせ、家に子どもを置くケースが、新聞でも多くとり上げられました。ブラジル人学校の授業料は高く、子どもたちを犠牲にせざるを得なかったのです。そうした事情から、最近は授業料がかからない、日本の公立学校に移るケースも増えています。しかし親は本来、お金より子どもの立場を優先させなくてはならないのです。

　私も生まれ育ったブラジルで、日本とポルトガル語の両国語を覚えたからこそ、60歳を過ぎても、日本で働く仕事があります。これもブラジルで日本語を教わった、アサジ先生、オニヅカ先生、スギモト先生らのおかげで、今も深く感謝しています。

　なので、やがてブラジルに帰国するならば、日本のブラジル人学校に通わせるのは必要なことです。帰国後も、また普通に友達と学校に通うことができます。また、日本の公立学校に通えば、親たちが計画をたてずに、ずるずると日本に滞在したとしても、その子は日本語が堪能になり、日本で生活する力を身につけられます。それでも、ブラジルから来た子が、勉強についていくのは大変なことです。日本政府は、子ども手当の支給や、NPOなどを通じた日本語の放課後学習支援、あるいは不就労の外国人を対象とした日本語講座など、親子に対しさまざまな日本語支援の活動に力を入れています。

　その反面、ブラジル政府は何をしているのでしょう?

　ブラジル政府が、日本のブラジル人学校に支援しているのは、図書の購入費くらいです。これからは政府が支援しないと、日本で閉鎖するブラジル人学校は増える一方でしょう。ブラジル政府は今も、出稼ぎがお金を持っていて、親が子を学校に通わせるのは当たり前と思っていますが、今や時給1000円の短期アルバイトでぎりぎりの生活をしている、という出稼ぎが多いのが実情です。ブラジル政府が、1人当たりいくらと金額を決めて、ブラジル人学校に支給すれば、親が失業者であっても問題なく、ブラジル人学校でも日本の公立学校でも、通わせることもできるでしょう。

もし、ブラジルに帰国しないというケースを考えると、どちらの言葉も充分に話せずに日本で生きる子どもは、一番の犠牲者です。なので、日本の公立学校に通う子には逆にポルトガル語の教育が必要です。1時間の放課後教育でもブラジル政府が義務にすれば、子どもは2カ国語に堪能なバイリンガル（BILÍNGUE）になって両方の国に貢献できるでしょう。

日本に出稼ぎに来ている父母は、今のうちに深く、子どもの将来を考えないといけないのではないのでしょうか。ブラジルから来た子どもたちが、もし日本に残るとしても、自分はゲストであるという気持ちを持って、日本の法律を守り、社会人として暮らすことができたなら、日本にいる外国人は一層住みやすくなることでしょう。

4—3 IJIME イジメ

どの国の子どもでも親でも関係なく、起きうる出来事です。仕事をしている親は特に、自分の子が学校でイジメに遭っていないかどうか、心配です。特にブラジル人の子は日本語を良く知らず、友達と言葉が通じないところから始まります。みんなからからかわれたり、相手にしてもらえなかったりしたら、毎日が孤独な日々を送ることになります。

ただブラジル人の子は、暴力やイジメに遭った場合、仕返しをしなさいというくらは、母国で教えられています。先生や父母に打ち明けることも指導されているので、比較的すぐにストレスも解消されます。一方で、日本人の子は引っ込み思案で、誰にも相談ができずに、自分で自分を責めて、最終的には自殺する子もいます。

2005年の日本の新聞報道によると、イジメの被害にあった子がとる行動は以下のようにされています。

(1) 親や保護者に話す 41・9%
(2) 誰にも言わずに自分で耐える 35・5%

(3) 先生に話す 31・5％
(4) 警察の助けを求める 13・8％
(5) 友達に打ち明ける 3％

いじめは暴力をふるうケースと口述によるケースに分けられます。

(1) いじめで暴力をふるう子どもは、人を脅したり、怖がらせたり、厳しく追及したり、最終的にはけっ飛ばしたり、物を投げたり、殴ったりして本当に、どうすることもできない状態です

(2) 言葉でいじめる子どもたちは、相手を嫌い、変なあだ名を付けたり、傷つけるようなことを言ったりして自分に従わせて、差別します

(3) そのほかの第三者のグループは、誰とも接触しない子どもで、いじめられている子を見ても知らんぷりをして助けることをしない子です

親と責任者が気を配らないといけない点は次の通りです。

・落ち着きがない

・学校の成績が悪い
・学校に行く気持ちをなくす
・頭やお腹が痛いとしょっちゅうこぼす
・友達が急に遠ざかる
・家にいつも泥で汚れて帰る
・身体にけがや傷跡が絶えない状態で帰る

親たちは自分の子どもの告白を聞くべきだし、先生は成績を上げるために指導することも大事ですが、教室内の子どもたちの態度を休憩中も見張るべきです。

名古屋のラジオ局の放送を聞いていたところ、自らもいじめられた経験がある高校の先生は、いつも携帯電話でいじめに遭っている生徒と、連絡をとり合っているそうです。先生の声を聞くだけでも安心感が伝わると言っています。

4―4 ONDE SE LOCALIZA O PAIS DO NIKKEI BRASILEIRO 日系ブラジル人の新しい国

日系ブラジル人が一番寂しく思うことは、日本人の顔をしており、日本人の血も引いているのに、日本で「外人」と呼ばれることで、つらく情けなく思います。しかし、ブラジルに行けば、ブラジル人に、日系人は「日本人」と呼ばれたりしています。では、私たち日系人の国はどこにあるのでしょうか。神様が新しい国を海のなかから浮かび上がらせて、誕生させてくれないかな、と思います。

脳科学者の茂木健一郎氏は出典で「外国では、私たちはみんな『日本代表』としてふるまわなくてはならない。西洋の強烈な異文化との出会いが、日本人であることに、困難や恥じらいを感じさせた」と記しています。しかし、日本とブラジルの2つの文化を知っていることは、日系人の誇りでもあり、昔のブラジルで起きた100%のインフレでも、日本の台風や地震、雪でも耐えることができます。日本人のマナーや習慣、文化を身につけることは、精神面でプラスになります。

ブラジル人出稼ぎは、早いうちに日本社会に溶け込むことが利口なことで、子どもたちの将来の道も広がるはずです。というのも、ブラジルに最初に移民してきた日本人もまた、3年から10年の計画で日本に戻ろうと思っていて、ポルトガル語を覚えようとしませんでした。子どもをブラジルの学校に通わせようとせず、現地に溶け込もうとする努力をしてきませんでした。同じことが今、日本にいる日系人の子どもたちにも起こっていますが、こういう間違いを続けることは避けたいです。子どものことを思えば、日本にいるブラジル人の子は両国の言語を学ぶべきです。

日系ブラジル人を支援するNPOもたくさん設立されていますが、なかでも、岐阜県美濃加茂市の日系NPO「ブラジル友の会」の活動が注目されます。友の会では、日系ブラジル人の子どもたちを、日本の高校に入学させるための教育活動を、行ってきました。日本語が分からないブラジルの子にとって、日本の高校への入学は、とても高いハードルですが、日本語を書くこともできない、文法も分からないということでは、学校を卒業して日本で仕事ができるチャンスもなくなります。

ブラジル政府は、やがてブラジルに帰国するかもしれない日系人の子どもたちに対して、日本とブラジル２つの国に貢献できるような教育を果たすべきです。日本にあるブラジル大使館や領事館が、日本語とポルトガル語の両方を、子どもの教育に義務づけるようにすれば、就職の時にも役立ちます。サンパウロ州政府と三井物産は、日本からブラジルに帰った子どもたちの言語や生活をサポートする「虹の架け橋」事業を行っていますが、これも残念ながら限られた地域にとどまります。

日本にいてもポルトガル語の教育は必要です。ただお金を貯めるだけのために来ている親の都合で、子どもの教育のことを考えないのでは、子どもがかわいそうです。かつて、日本の出稼ぎによるブラジルへの送金は、年間４～５兆円とも言われましたが、今は半減以下になっているとされています。ブラジル政府は、今や出稼ぎの収入が大きく減り、貧しさのなかで生活していることを理解しなくてはなりません。日本の子ども手当にあたる、ブラジルの「ＢＯＬＳＡ　ＦＡＭＩＬＩＡ（家族支援）」を日本にいる世帯へも、適用することを考えるべきです。

5. OS DEKASSEGUIS E SEUS STRESS

——ストレスを抱える出稼ぎ

5―1 STRESSE NA FAMÍLIA ストレスと家族

リーマンショック以前の出稼ぎの暮らしは、残業があればあるほど、お金はもうかりましたが、ストレスもありました。90デシベル以上の工場の騒音も、ストレスの原因となりました。日本の豊富な食べ物は、コンビニやスーパーで買うことができるので、ストレスで大食いになり、太ったブラジル人も現れたと新聞にも報じられました。昼夜の交代勤務を繰り返すことで、身体が疲れ、病気になって仕事を休む人も増えました。

一緒に外出することが減った家族の間では、離婚も増えました。家と会社を往復する生活で夫婦の縁が薄れたことが、離婚の原因となったと日系ブラジル人の牧師が、語っています。奥さんが財布のひもを握る、とされる日本と違い、元々ブラジルは男性がお金を持つ文化です。しかし、日本ではブラジル人の女性もパートなどで、多くのお金を稼ぐので、今までならばこらえることができたことをがまんできなくなり、けんかが増えて、離婚に至ったケースも少なくないといいます。

自分の思うことが伝えられず、相手の話すことも理解できないという、言葉の壁もあります。親は、子どもの学校の宿題を手伝うこともできず、アパートの郵便ボックスに置かれる車検や税金、年金などの大事なお知らせの手紙や、チラシも読むことができないとなれば、生活のなかでストレスがたまっていくのも無理はありません。

5―2　O IJIME NO TRABALHO　工場内でのイジメ

ブラジルから日本に来た日系二世たちは、最初、質が悪い３Kの仕事に就きました。つらい思いをしましたが、我慢をして今に至りました。遠い故郷を離れてまで、なぜこんなに苦労をしなければならないのだろう、と考える人が多くいたかもしれません。

私も工場内の担当者として、ブラジル人が管理者である課長や係長に、いじめられるケースを見てきました。ブラジル人が一番いやがるのは、人の前で大声で怒られることです。プライドが傷つけられ、日本人の上司に暴力をふるって首になり、新聞に載ったケースもあり、文化の違いは恐ろしいものです。

5—3 CONTRA—MEDIDAS PARA O STRESS ストレス解消

ストレスの解消法について、専門家はこう教えています。
・家に閉じこもらず、散歩したり、新しい空気を吸ったりして体操をする
・カラオケに友達と出かけ、下手でも歌えばすっきりする
・音楽鑑賞で気分を落ち着かせる（ブラジル人は音楽を聴くのが好きです。英語でも日本語の曲でもポルトガル語の曲でも良いのです）
・マッサージ、整体などで、コリをほぐして身体を軽くする
・体操は工場のなかでもできるのでストレスの手っとり早い解消法
・温泉は、熱いお湯と冷水に交互に入ったり出たりすると、リラックスできる

なお、日本人は、温泉とお米はないと生きていけないくらい大好きですが、ブラジル人は、温泉ではあまりストレス解消にはなりません。35度から40度の湯につかるのは熱いと感じて弱いからです。

5―4　ASSISTÊNCIA SOCIAL　福祉支援活動

日本に、32万人ものブラジル人出稼ぎが訪れたことで、問題点も浮かび上がりました。経済危機後は住まいを失い、食べ物も買えなくなり、橋の下に住む人も現れたと報道されました。宗教団体などが、夜中にスープを配って回る救助活動を行っているといいます。

１９８０年代後半に日本に来たブラジル人たちは、「電話代が高くつくので、午後10時以降にしか、ブラジルの家族や友人には電話をしなかった。寒い季節、電話ボックスの長い列に並ぶのもつらかった」と語っています。今の出稼ぎは、日本でブラジルのテレビ番組や新聞、雑誌を見ることもでき、お店もあって、日本での生活は便利になりました。広島県福山市では、日系ブラジル人の小田バイロさんが、ブラジルの品物を積んだトラックで回り、食料品を売り歩く商売をして成功しました。ブラジル人のアパートに行って、ブラジルのテレビを録画したサッカーや、音楽のビデオを配って、喜ばれました。

5—5 TERCEIRA IDADE 高齢者

ブラジル人高齢者にとっても、一番の悩みは職を失い、その年齢のために再就職も難しいことです。病気やけがをしたら、一層困難になります。無職のまま、日本で高い家賃や医療費を払い続け、家族に頼ってまで日本に残ることはナンセンスです。苦労して貯金したお金も日本にいれば、あっという間になくなります。ブラジルに戻れば、物価は安いし、学生らが治療をする無料の病院もあります。帰国することも一つの手段かもしれません。

6. O MISTERIOSO LAÇO QUE UNE JAPÃO E O BRASIL——日本とブラジルの不思議な縁

I．電気工学では＋（プラス）と－（マイナス）があって、すべてが＋と－で成り立っていると証明されています。

・時間のずれ
ブラジル：12時（正午）
日本　　：24時（夜中）
・月の満ち欠け
ブラジル：左から満ちる
日本　　：右から満ちる
・気候
ブラジル：熱帯――地震、雪、台風なし
日本　　：温暖――地震、雪、台風あり
・母音
ブラジル：AEIOU
日本　　：あいうえお

6. O MISTERIOSO LAÇO QUE UNE JAPÃO E O BRASIL
——日本とブラジルの不思議な縁

・書き方
ブラジル：横書き
日本　：縦書き
・本
ブラジル：右から左にページを開く
日本　：左から右にページを開く
・アパートのドアの開き方
ブラジル：戸は内に開く
日本　：戸は外に開く
・車
ブラジル：ハンドル左、ワイパー右、ライトのスイッチ左
日本　：ハンドル右、ワイパー左、ライトのスイッチ右
・名前と名字
ブラジル：名前、名字の順
日本　：名字、名前の順

・米を植える場所
ブラジル：丘
日本　　：田んぼ

・風呂の水の出口
ブラジル：水は時計回りで出る
日本　　：水は反時計回りで出る

・寝る場所
ブラジル：ベッド
日本　　：畳の上

・ブレーカーが切れる時
ブラジル：下に落ちる
日本　　：上にはね上がる（下に落ちるのもある。編注）

・わいろ
ブラジル：もらってしまい、うやむやになる
日本　　：受けとっても返金するか自殺する

・工場の部長
ブラジル：命令を出すだけ
日本　：命令を出し、自分もラインに入って働く

・ブラジルと日本の姉妹都市提携
サンパウロ市——大阪市
クリチバ市——兵庫県姫路市
サントス市——長崎市
カンピナス市——岐阜市
ロンドリーナ市——兵庫県西宮市
マリンガ市——兵庫県加古川市

Ⅱ．日本語読みに似ているポルトガル語
魚（SAKANA）→偽り、ごまかす

信号（XINGO）↓　悪口を言う
おかま（O　CAMA）↓　ベッド
送迎（SOU　GAY）↓　私はおかま
プン（PUN）↓　おならをする
先輩（SEM　PAI）↓　父なし子
ちくちく（TIKU　TIKU）↓　小鳥の名前
書道（SHODO）↓　かわいい子
もてる（MOTEL）↓　ラブホテル
人間（NINGUÉM）↓　だれでもない（どこの馬の骨）
おっぱい（O　PAI）↓　父

Ⅲ．日本人と数値の信仰

4の数値は「死」と同じ発音なので好まれない。病院では4階がないケースもある。9も「苦」と同じ発音で好まれない。国道や県道の番号にも「4」を付けるのをやめれば、事故が少なくなるかもしれない。

厄年

42歳——男性の厄年。「死に」に起因するといわれる、43歳——お祝いをして返す

33歳——女性の厄年、34歳——お祝いをして返す

369——みろくの神様

39——サンキュー

929——くっつく（この日に結婚すると仲良しの夫婦になる）

4649——よろしく

60歳——還暦。赤ちゃんに戻る、人生は60歳からまた始まる

88歳——米寿

7. A MISSÃO DOS BRASILEIROS NO JAPÃO

――日本に来たブラジル人の使命

7―1 TSUNAMI E TERREMOTO NO LESTE DO JAPÃO 東日本大震災と在住ブラジル人

２０１１年3月11日の東日本大震災では、ブラジルでも不安をあおるようなテレビニュースが多く流れました。心配したブラジルの家族から、繰り返し帰国を説得された日系ブラジル人が日本を離れていきました。

ブラジルは、地震や津波が起こらない国です。私はこのパニック状態は、ブラジルの家族が日本の地理を知らないことに原因があるように思います。私の住む岐阜であれば、東北からは遠く離れており、日本は全長３０００キロもあることを知っていますが、ブラジルから見ると日本は小さな国です。そのため、島国全体が放射能に覆われ、津波にのみこまれたのではないかという印象があり、ブラジルの家族の間に心配が広がったようです。

もっとも、リーマンショック後の不景気で日本で充分に働けず、お金を貯められないために、帰国するのをためらっていたブラジル人が、今回の地震を理由に家族の所へ堂々と帰ることができたという側面もあったようです。

日本に住むブラジル人は、ポルトガル語のケーブルテレビ放送局「IPC」や、インターネットで地震の情報を得ていますが、日本語が分からないなかで、放射線量を示すシーベルトがどういう単位なのか、東京電力が本当のことを言っているのか、野菜も汚染しているというが、どのくらい危ないのかと心配しています。震災の発生直後は「雨水に当たると危険」などと、放射能を過剰に警戒するメールも出回りました。

東日本大震災で、多くのブラジル人が働く製造業の工場も生産が止まり、仕事量が減りました。ある日本の定時制高校に通う17歳の少女は、昼間働いて家計を助けていますが、機械製造の工場で、4月にはアルバイトから派遣社員へと昇格する予定が、震災の影響で延期されてしまいました。「放射能も怖いけれど、リーマンショックに続いて震災でまた仕事がなくなるのも怖い、と母も言っている。ブラジルに帰るかどうかは、高校をがんばって卒業してから家族で考える」と話しています。

一方で、震災をうけてブラジル人の間で、さまざまな支援活動が行われました。ブラジル人団体や大使館、関連企業や銀行などが、食品やトイレットペーパーなど、多くの支援物資や募金を集めています。日系人が多く暮らすサンパウロ市でも、東北の出身者でつくる県人会が、震災の犠牲者を追悼する式典を開きました。

はるばる岐阜や静岡、愛知、東京からバスに乗り込み、宮城県で2日間にわたり、避難所の住民にバーベキューを振る舞ったブラジル人たちは「リーマンショックの後、物資の支援などで助けてもらった日本への恩返しをしたい」「放射能が怖くて帰ったブラジル人ばかりじゃないことを知ってほしい」と胸を張っていました。

ブラジル人のコミュニティは、リーマンショック後の大量帰国や貧困などで、生活の余裕がなくなり、絆が薄くなったとも言われています。日本で突然起きた震災は、ブラジル人特有の「SOLIDARIADADE（支え合いの精神）」を、あらためて深める機会となったのかもしれません。

7—2 PAPEL A DESEMPENHAR NO FUTURO DOS NIPO—BRASILEIROS 日系ブラジル人の将来の役割

ブラジル地理統計院は、2011年4月、2010年に実施した国勢調査で、自分は「黄色人種」であると自己申告したブラジル人が、10年前に行われた前回調査の76万人から急増して208万人に達し、初めて「先住民」と答えた人（82万人）を上回ったと発表しました。その大半は日系人とみられ、前回まで他人種と答えていた混血の日系人が、移民100周年を機に日本への意識を、強めた可能性もあるといいます。

日本人移民がブラジルに渡った、1908年の笠戸丸から始まったブラジルと日本の交流は今日まで続き、深い信頼と縁が築き上げられました。今でもブラジルにいる2、3世は道で「おい、日本人（JAPONÊS）」と声をかけられますが、それは親しみを持った呼び方であり、低く見られるのではなく、むしろ尊敬を持って呼ばれます。これが仮に、黒人に「おい、ネグロ（黒ちゃん）」と呼んだならば、裁判に訴えられるケースもあります。

大半が移民の歴史を知らなかった、日系ブラジル人の出稼ぎも日本に来て、日本の国と日本人を知り始め、異なる文化や考えに触れ合って、多くの違いがあることに気づきました。日本人の側から見ると、ブラジルはあまりに距離が遠く、交流の難しさがあると思うかもしれません。しかし、15万人いるとされるペルー人などの出稼ぎも含め、日本国内で50万人にも達したラテン系の人々と、さまざまな形で触れ合うなかで、多少の距離は縮まったのではないでしょうか。今は24時間で行ける航空機もあり、大陸の行き来が便利になりました。

時間の流れはあっという間で、特に現代はとても早く過ぎる気がします。今や15年以上も日本に住んでいる出稼ぎがかなりいます。日本語を話せることは、日本で暮らす前提条件です。常に勉強して、日本語を覚え続ける精神がなければ、この厳しい時代は乗り越えられず、並大抵ではない努力が求められます。

日系出稼ぎの歴史も20年が経ち、これからも続いていくことと思います。生け花や柔道、剣道……あらゆる日本の文化を学んでいって良いでしょう。

私たちの使命は、人間としての精神力を向上させることと、豊かさを得ることであり、住む国は関係なく、1人の社会人として社会に貢献することに、幸せを求めていくことです。

7. A MISSÃO DOS BRASILEIROS NO JAPÃO
——日本に来たブラジル人の使命

現在の日系2、3世は2つの文化を持ちつつも、悠々とブラジル社会にとけこんで暮らしています。寿司や刺身、たこやきやそばまで出すたくさんの料理店があり、いろいろな町に行っても食べることができます。カラオケでは、ロマンチックで心が落ち着くとして人気の演歌も歌います。ブラジル各地で開かれた移民100年祭では、日本の皇太子も参加して、なお一層の交流が深まったことでしょう。

100年前に、ブラジルに渡った日本人の使命は成し遂げられました。仕事に対する熱心さや献身さ、誠実さ、正直者であるとの信用は、私たち日系ブラジル人に残された何よりの財産です。

1980年代後半になって、ブラジルで生まれ育った日系2世とその家族が、逆に日本に移り住む出稼ぎが始まりました。かつてブラジルに渡った私たちの祖先は、子孫たちが夢と希望を持ち、まったく知らない故郷の日本に、自分たちの代わりに戻っていったと受けとり、喜んでいるに違いありません。

ごみの分別や会社の働き方など、日本でルールを学びました。経済が発展している日本の工場でがんばって働きお金をためて、家を購入したり商売を始めたりして、日本社会に溶け込んで、人間としての物質面でも精神面でも向上が得られたならば、日本に来て、日本の良さを身に感じている立場としては、ありがとうとしか言えません。

——OBRIGADO JAPÃO E OBRIGADO AO POVO JAPONÉS（ありがとう日本、ありがとう日本の皆さん）

8. O MELHOR PARCEIRO DO JAPÃO É O BRASIL

——日本のベストパートナーはブラジルである

8―1 A ECONOMIA BRASILEIRA ブラジル経済

最後に世界の経済の動きを通じて、ブラジルが日本のベストパートナーとなりうる要因を紹介します。日本とブラジルが結びつけば、両国が発展するとともに、世界に向けてもきっとすばらしい貢献をすることができます。

１９５０年代以降、国内の高度経済成長を背景に、多くの日本企業がブラジルに進出し、その数は数百社にのぼったといいます。70年代前半、ブラジル東部のバイア州サルバドル市は、三菱レーヨンや帝人テトロン、旭化成、トーホープラスチックなどの日本企業や、ドイツ、フランス、アメリカの工場が次々と進出。同州のカマサリ市も、石油化学コンビナートの集積地帯として栄えました。しかし80年代以降のブラジル経済は、オイルショックと月１００％を超えるハイパーインフレに見舞われて衰退します。85年には軍事政権から民主政治に移りました。

手元のお金の価値が、どんどんなくなってしまう生活は、たまったものではありません。90年代のコロル大統領の時代には、インフレ抑制のために、物価や賃金、為替に加えて、銀行の預貯金の払い戻しまで凍結した政策が打ち出されましたが、これは

「コロル・ショック」と呼ばれる市民生活の混乱を引き起こし、中長期の経済見通しが立たないことから日本企業を含め、多くの外資企業が撤退しました。

しかし、95年に誕生したカルドーゾ政権は、通貨をレアルに変えてドルと関連づける「レアル・プラン」を導入、インフレを抑えることに成功します。99年以降はインフレターゲット制をとり、通貨量のコントロールを行うことで、現在は最大で年5％程度のインフレに収まり、2007年には巨額の外国への債務も解消しました。

貧富の格差が大きかったブラジルですが、2003年に誕生したルーラ政権は、日本の子ども手当に相当する「ボルサファミリア」をつくり、貧困家庭に現金を給付することで、生活水準の向上を図りました。最低賃金や公務員給与の引き上げなど、所得の格差をなくす政策を行って、貧困層の自立をうながし、大きく改善されました。報道によると、人口1億9300万人の1割に当たる2000万人が、最低賃金の半分以下とされる貧困層から脱け出し、中間層や富裕層が人口の半分を占めるようになっています。09年には貧困層向けに住宅100万戸を、建設する計画も始まりました。政権にはばらまきとの批判もありますが、高い経済成長を背景にルーラ政権は、強気の政権運営を続けてきました。

順位	銀行名	2009年6月の資産額（10億USドル）
1	バンク・オブ・アメリカ（米）	2254.4
2	ＪＰモルガン・チェース（米）	2026.6
3	シティグループ（米）	1848.5
4	ウェルズ・ファーゴ（米）	1284.2
5	ゴールドマン・サックス（米）	889.5
6	モルガン・スタンレー（米）	677
7	ブラジル銀行（ブ）	306.8
8	イタウ・ウニバンコ（ブ）	305.6
9	ＰＮＣ銀行（米）	279.8
10	ＵＳバンコープ（米）	265.6
11	ブラデスコ（ブ）	247.2
15	サンタンデール・ブラジル（ブ）	166

北南米の銀行資産ランキング

世界経済は変化しています。サンパウロに本店を置くイタウ銀行が、バンク・オブ・アメリカの子会社であるボストン銀行の、ブラジルやウルグアイ、チリでの営業権を獲得、ブラジル最大の食肉加工会社のフリボイ社は、アメリカのスイフト社を14億ドルで合併しました。アメリカの企業を買収できるようになったのは、ブラジルの発展のあかしではないでしょうか。ある世界的な投資家は「ブラジルのレアルは、将来ドルより価値が高くなる」とまで予想しています。

航空機の世界では、ブラジル・エンブラエル社産の小型ジェット機が、日本の空でも活躍しています。エンブラエル社は、ボーイング社、エアバス社に次ぐ世界第三位の航空機メーカーとして成長を続けており、静岡に本社がある新興の地域航空会社、「フジドリームエアラインズ」(FDA)は、大手が撤退した地方都市の路線を中心に、100席以下のエンブラエル社製の旅客機を採用して、新規運航を進めています。同型機はその燃費効率の良さから、世界で500機ほど運航されていて、機体価格は1機30億円前後といいます。JALグループのジェイエア(愛知県)も、燃費効率の良さからエンブラエル社製のジェットを採用し、機材の小型化や運航コストの効率化を図ることで、新たな旅行需要が増えると期待しています。

2010年11月に韓国で開かれたG20では、ドルやユーロの通貨安の傾向が続くなか、新興国のブラジルなどが自分の国の通貨の高騰やインフレへの懸念を強く訴えました。その結果、首脳宣言では、為替介入や外国資本流入の規制を認めるなど、新興国の訴えが盛り込まれました。新興国を代表するブラジルは、世界での発言力を増しています。09年には北朝鮮の平壌に大使館を開設したほか、イランの核開発への制裁問題ではトルコと共に調停役に回り、協定締結を図るなど、国際社会での存在感を高める動きも見せています。

２０１０年秋の大統領選挙では、ブラジル初の女性大統領となるジルマ・ルセフ氏が勝利しました。日本の新聞は、好意的な評価と共に、日本との一層の経済結びつきに期待を込める社説を載せました。ジルマ氏は前大統領のルーラ氏の後継者として高い支持があり、他の南米やアフリカの国々との政治的、経済的協力を深めることで、ブラジルの国際的地位を向上させ、先進国の主導ではない多極化した世界を目指す方針を打ち出しています。ブラジルが世界での役割を果たすためには、大国の米国でもなく、ＥＵでもなく、アジアのなかでも独特の立場をとる友好国の日本との協力は不可欠で、ユニークな成果を生み出すでしょう。

8—2 POR QUE O BRASIL É O MELHOR PAIS DO BRICs
ブリックス(BRICs)のなかでのブラジルの優位性

	ブラジル	ロシア	インド	中国
面積(km2)	851万(世界5位)	1707万(1位)	328万(7位)	960万(3位)
人口	1億9400万人	1億4180万人	11億9800万人	13億人
言語	ポルトガル語	ロシア語、多数	ヒンディー語、多数	中国語
社会	民主主義	社会主義	民主主義	共産主義
市場開放度	1位	3位	2位	2位
GDP(USドル)	1兆5728億	1兆2318億	1兆2175億	4兆9000億
経済成長率	5.10%	−7.90%	7.40%	8.70%
メディア、報道	自由で競争力あり	政府が統制	自由	党が統制
宗教	キリスト教、自由	ロシア正教、イスラム教、ユダヤ教、仏教	ヒンズー教、イスラム教	仏教、イスラム教、キリスト教、宗教弾圧あり
核開発	なし	あり	あり	あり
環境	比較的保護	破壊	破壊	破壊
アイデンティティ	欧州系、混血、アフリカ系、東洋系など	多民族		漢民族と55の少数民族
食べ物	輸出	輸入	並行	輸入
エネルギー	エタノール、石油、太陽、風、水	石油、原子力	原子力	石油、原子力、石炭
気候	雪、地震、台風なし。作物は年2、3回とれる	雪、地震あり	地震、台風、雪あり	同左
産業	製造業、鉱業(鉄鉱石)、農牧業(砂糖、オレンジ、コーヒー、大豆)	鉱業(天然ガス、原油)鉄鋼業、機械、化学、繊維	農業、工業、鉱業、IT	繊維、食品、化学原料、機械、非金属鉱物

BRICsの国力比較データ
(※IMF、外務省の資料などから。経済数値は2008-09年)

次に、BRICs(ブラジル、ロシア、インド、中国)の国のなかで、ブラジルが優れている点を上げていきます。BRICsの国々はいずれも広い面積を持ち、鉱物や農作物などの豊かな一次資源が、経済を支えているという共通点があります。

なかでもブラジルは今後、中国、インドとともに、高い経済成長が予想され、世界から有望な新興国市場の一つとして注目を集めています。

国際公共政策研究センターの田中直毅氏による「5年後の日本と世界」では、いずれGDPが日本の4倍にふくらむ中国市場は巨大と評価しつつも、都市化が進んだことによる不動産バブルの進行や、人民元切り下げへの反発、環境問題の解決に消極的なことなど、懸念材料が多すぎると指摘しています。一方で、ブラジルはBRICsの他国に比べ、森林の環境保護や、石油に代わる代替エネルギーを、産業の軸として発展している特長があり、経済発展と地球環境保全のバランスが良く、政府の補助金に依存しない形で、産業の発展が進んでいると評価しています。

また、弁護士でコンサルタントのシルビオ・アブレオ・カンポス氏は、「中国は共産党の指示で動き、融通が利かず、個人の人権より党の意向が優先される」と主張しています。中国とロシアは、アメリカとの冷戦の火種を今も残しています。軍事技術は中国とロシアが進んでいますが、ロシアは民間企業の動きが活発でなく、外国企業が入りづらいほか、高齢化が進み、今後の人口の増加が見込まれないこと、チェチェンとの対立や、石油や天然ガスなどの資源輸出に、経済が依存しすぎているなどの心配な点があります。

日本との関係を見ても、中国とロシアの間には、領土をめぐる政治的な対立があります。尖閣諸島沖での漁船衝突事件では、日中交流の打ち切りや、レアアースの対日輸出規制などが起き、日中関係は急速に悪化しました。ロシアとも、北方領土問題をめぐり、日本政府とロシア国営ガス会社が計画してきた、極東ウラジオストクでの、液化天然ガス施設建設事業の合意が先送りされるなど、政治が経済に大きな影響を及ぼす場面があります。

一方で、インドは民主主義が保たれており、親日感情も強く、自動車ではスズキが50%超を占めるシェアをもつトップメーカーとなっています。農民を中心とした国民の間にも購買力が高まっており、ＩＴ産業も盛んで、日本企業も有望な進出先の一つとして、近年結びつきを強めていますが、道路をはじめとしたインフラの弱さや、貧困層の多さ、カースト制による人権問題など、国内の民族的な対立、パキスタンとの争いが続いています。

ブラジルは、軍政が終わった25年前から、民主主義が定着しています。治安の問題はありますが、ＢＲＩＣｓで唯一核兵器を持たず、他国との緊張関係も、目立った地域紛争もありません。報道メディアもブラジルは完全に自由で、中国やロシアのようにコントロールされていません。ブラジルでは多様な人種が混ざり合って、所属する人種によって社会的な差別を受けることがありません。宗教では、カトリックも仏教もアラブもすべて受け入れます。

経済で言えば、ブラジルは市場が自由で為替も柔軟です。コンピューターバンキングの導入も他の国より進んでいて、２００９年の北南米の銀行の資産量ランキングには、米国の大銀行のなか、ブラジル銀行が7位に入ったほか、トップ20のうちブラジルの銀行が4行入っています。ガソリンとエタノールが両用できるフレックス車の普及、ユーカリの大規模植林や、農産物の熱帯栽培への適応など、豊かな環境を生かした、数々の誇れる独自の技術があります。大規模な海底油田の開発で、今後は石油の輸出でも世界をリードする見通しがあります。

農産物の供給でいえば、人口が爆発的に増えているインドや中国が輸入を増やして、自分の国の国民の食をまかなおうとするなかで、ブラジルはＢＲＩＣｓで唯一、自国のなかで、農産物を増産することができる国だとも言われています。政治、経済、社会の安定性や紛争がないことに加え、こうした環境の豊かさはブラジルの魅力です。

世界の人口増による食糧危機が指摘されるなか、平らな土地で南北で気候が違うため、大豆やトウモロコシ、綿花、バイオエタノールの原料にも使われるサトウキビなど、さまざまな農産物を大量に育て、輸出する力があります。

なお、大学の先生で、ブラジル政府のＩＰＥＡ経済研究所に勤めるジョアオ・パウロ・デ・アルメイダ氏は、リーマンショック後のブラジルについて、「停滞していた40年間をとり戻すには、今後年７％伸びないとＢＲＩＣｓの国々から遅れてしまう」と主張しています。直すべき点は、企業の投資を抑え、外貨が獲得してしまっている12％程度の高い利子を下げることだとしています。エンブラエル社も政府の投資で大きくなった会社ですが、政府が長期的な投資として、有望と考えられる情報通信や食料品輸出の分野など、どこにお金をつぎ込むかを明確にし、投資をしていかなくてはなりません。優秀なエンジニアを育てるには、教育も良くしないと明るさが見えません。犯罪率は高いですが、経済が発展して就職者が増えれば、収まるのではないでしょうか。

8—3 O FUTURO DO JAPÃO E DO BRASIL 日本とブラジルの未来

評論家の日下公人さんは著書『日本と世界はこうなる』のなかで、先進国で今後の高度成長は望めないこと、アメリカのグリード（強欲）がサブプライム問題で明らかとなり、モラル面が大きく失墜したため、強いアメリカを支えてきた「4つのM」（MIRITARY、MEDIA、MONEY、MORAL）のうちもはや、MIRITARY（軍隊）しか残されていないと主張しています。一方で、日本のモラルの高さや信頼性は、グローバル経済のなかでは最大の武器です。サラリーマンは休日のドライブで、トヨタとホンダを育て、子どもはゲームで遊んで、任天堂を世界企業にしました。日本人は金がなくても豊かに暮らす伝統を身につけているとして、近代化が終わった日本のGDPは下がっても問題がないとして、景気やGDPの向上を考えるのはナンセンスだとすら述べています。

ブラジルには150万人もの日系人が住み、日本への尊敬が大きいのはこれまで述べてきた通りです。ブラジルには、深海での海底油田開発や、車に使われる環境配慮型のバイオエタノールの生産、航空機開発などの世界に誇る技術があります。日本は資源のない国ですが、ブラジルは世界の熱帯雨林の3分の1を有し、一次資源が豊富です。なかでも、鉄鉱石やバイオエタノールの輸出量は世界トップで、特に南西部のミナス・ジェライス州の土地は、金や鉄鉱石、ダイアモンド、ウランなど多くの鉱物資源が産出されています。ブラジル製鉄大手のウジミナス社には、新日本製鉄が27%の出資をしており、自動車向け鋼材などの加工工場の拡張に力を入れています。隣のボリビアではリチウムが見つかっています。

深海油田の掘削で深さ3000～4000メートルまで対応できる技術を持つ、国営企業のペトロブラス社は、「プレ・サル」と呼ばれる深さ5000メートル以上の海底油田の開発に挑戦しています。2007年には、沖縄の石油精製会社、南西石油を買収し、沖縄でブラジル産原油を精製し、アジアへ輸出しようとしています。巨大な海底油田が眠るとされる尖閣諸島周辺の開発も、世界一と言われるペトロブラスの採掘技術を使い、ブラジルと日本がパートナーで進められれば、大きな価値を生み出すのではないでしょうか。

姉妹提携を結ぶリオ・グランデ・ド・スール州と滋賀県には、パトス湖と琵琶湖という共に大きな湖があるのが特徴で、ブラジルに技術者を派遣して、お米の殻からカーボンを作る技術を共同研究しています。農業やバイオ、化学、水処理、火災のコントロール、教育、観光、エコツーリズムなど、日本とブラジルの草の根の研究のテーマは、さまざまな分野に広げられます。

日本にとっては、ブラジルを足がかりに、これからの発展が期待される南米諸国やアフリカとのつながりが、生まれる可能性があると思います。ブラジルは日本の地上波デジタルテレビ方式を採用しており、南米諸国に広がる足がかりとなる可能性があります。日本の資金と技術を合わせ、アフリカなど途上国での「三角協力」も期待できます。

ブラジルとアフリカの結びつきは深いです。サッカーのペレは、アフリカ系ブラジル人で「ブラジル大使」と呼ばれています。2010年の南アフリカのW杯サッカーで、次のブラジル大会に向けて結びつきが一層深まりました。

1500年代にポルトガル人に発見されたブラジルには、1822年までの植民地の間に、アンゴラやモザンビークから数百万人という黒人がやってきました。現在のブラジル人は50％が混血でアフリカ系も多く、ポルトガル語が共通しています。ブラジル人記者ワンデル・セイサスのサイトによると、すでにモザンビークで農業と森林の共同開発をし、石油やダイアモンドの産出で知られるアンゴラは、アフリカ最大のブラジルのパートナーといわれており、またザンビアでは、銅をブラジルの企業が開発しています。

アフリカとブラジルはかつて大陸でつながっていました。なので、ブラジル内陸の「セラード」と呼ばれるバイア州、ミナ州、マトグロソ州にまたがる土地も、アフリカ大陸の土地の質と似ていて、乾燥した不毛の地とされましたが、日本とブラジルは協力して１９７０年代から20年かけてこの土地を土壌改良し、世界の大豆生産の10%を占める農業地帯に育てました。これは今、世界各地で進

セラードに立つ黄色いイペの木。イペはブラジルを代表する木

む、他国の土地略奪のための農業開発ではありません。

セラード開発はブラジルの発展のみならず、世界への食糧供給にも貢献しました。このセラード開発をヒントに、日本のＪＩＣＡとブラジル、モザンビークの３国による「三角協力」で、モザンビーク北部の熱帯サバンナの未開墾地を農業開発し、世界に食料を供給する新たな拠点とするプロジェクトが始まりました。日本向けの食料確保といったメリットもあります。

人口の急増で世界的な食料不足が見込まれるなか、アフリカや東南アジアなどでは、外国人による農地の争奪戦が激化しています。中国は13億人の国民の食を輸入するため、大豆やトウモロコシを生産するための広大な土地を、ブラジルに確保しています。各国でこうした動きを止めるため、外国人の大土地所有制限法も成立しています。

ブラジルでの自動車販売については、最大の特徴はサトウキビなどから精製する安価なバイオエタノールとガソリンの混合燃料に対応する「フレックスカー」の販売が今や９割に上る点で、車の種類を増やすことが、今後の自動車販売を増やす鍵となります。バイオエタノールには、大気汚染の防止や、CO_2排出量の削減が期待され、サトウキビの安定供給に向けて、欧米企業の投資が相次いでいますが、日本では三井物産が、ペトロブラス社とバイオエタノールの推進計画に合意しており、機械・エネルギーなどの商社、双日も現地メーカーに投資しています。世界初となるバイオエタノール発電も、２０１０年、ミナス・ジェライス州のペトロブラスの発電所で始まりました。

ブラジルでは、人口に対して車の所有台数が少ないことから、世界各国のメーカーが参入して競争が激しくなっています。現在は仏フォルクスワーゲンや、伊フィアットといった欧米メーカーが国内販売のシェアを占め、アジアでは、韓国の現代自動車も販売に力を入れています。トヨタ自動車は２０１０年9月、ブラジルで新たな完成車工場を着工しました。タイやベトナム、インドなど東南アジア諸国に続いてブラジルも、日本企業の有力な進出先となりつつあります。三菱自動車も２０１０年7月、ブラジルで車両組み立て工場を持つ現地企業の株式20％前後を取得して、乗用車の生産法人を設け、15年までに年間生産台数を、現在の2・5倍の10万台に引き上げると発表しました。デンソーは２０１２年初めに、サンパウロ市の北西にあるサンタバーバラ・ドゥ・オエステ市に、新工場とカーエアコンや発電機などの研究開発拠点を置くことを発表しました。

日本政策金融公庫の国際部門である国際協力銀行（ＪＢＩＣ）は、ブラジルの資源を見て、原油ガスの一次処理・貯蔵施設の建造・管理や、サンパウロの地下鉄事業など、さまざまな事業で融資を重ねています。ネット銀行などを手がけるＳＢＩホールディングスは２０１０年８月、日系金融機関で初めて豊富な天然資源や鉄鋼、航空機産業が進むブラジルに目を付け、ベンチャーを支援する投資ファンドの設立を、現地の資産運用会社と共同で設立することを明らかにしています。

ＩＨＩ（旧石川島播磨重工業）は、発展著しい中南米での情報収集や、ペトロブラス社の事業への参加など、ブラジルで今後の石油・天然ガス関連事業の展開を図るため、２０１０年11月、リオ・デ・ジャネイロに営業拠点となる現地法人を開設しました。ＩＨＩはかつて、１９５９年、リオ・デ・ジャネイロに、現地政府との合弁会社「イシブラス」（石川島ブラジル造船所）を設立し、造船、水門、発電機の分野で中南米随一の企業に発展させた会社です。ブラジル経済の混乱で90年代に撤退しましたが、ブラジルの成長に期待して再進出をしてきました。

地球温暖化防止に向けては、二酸化炭素の排出枠が世界的な利権問題に発展しています。２０１３年以降のポスト京都議定書では、先進国が森林開発の進む途上国の森林を保護することで、排出枠を確保できる仕組みが検討されています。排出枠は、日本が高い目標を掲げている、温室効果ガス削減目標の達成に利用できるうえ、転売することもできます。総合商社の兼松は、２００９年から環境省の委託を受け、農地開発による伐採が進むアマゾン森林の、CO_2削減のための調査を始めています。

三菱電機は日本の衛星を活用し、ジャングルの違法伐採監視や、二酸化炭素測定などをブラジルと共同研究しています。三井物産は２００７年から、ブラジルの土地に共同出資して、大豆やトウモロコシを生産。別の商社は、レアアースの調達先について、世界生産の９割を占める中国からの依存を低くしようと、調達先の一つとしてブラジルでの生産事業に参画もしています。パナソニックは、冷蔵庫や洗濯機などの白物家電を、拡大する中間層に売り込むための工場建設を、ダイキン工業も、ブラジル国内のエアコン市場の拡大を見越し、サンパウロ市近郊で２０１４年の新工場建設を目指すなど、家電メーカーも消費市場の拡大に注目しつつあります。

「消費、インフラ、資源。どこを切り出してもビジネスチャンスの地平線が広がるブラジルの大地に日本企業の影は薄い」——ブラジル特集を組んだ２０１１年２月の「週刊東洋経済」は、こう指摘しています。

テレビは韓国のＬＧエレクトロニクスが３割のシェアを取得、自動車は欧米メーカー４社が７割を占め、韓国・現代自動車のスポーツカーが若者の支持を得ていますが、日本は最大手のトヨタ自動車ですら、３％のシェアに過ぎません。

つまようじ一本とっても、日本の商品は繊細です。日本商品の品質は良いのですが、日本人は売り込むのが上手ではありませんし、家電店でも店員さんはあまり商品を説明してくれません。ブラジル人ならば、南極にも冷蔵庫を売ってしまうほどアピールをします。

ブラジルとの結びつきが深かったにもかかわらず、２０００年代以降の経済進出で、同じアジアの中国や、韓国にも遅れをとってきた日本ですが、今後は日本企業の進出も拡大し、ブラジルの経済的交流は、ますます発展していくでしょう。こうした動きのなかで、ブラジルに住む１５０万人の日系人、さらに日本に来た32万人のブラジル人出稼ぎは、２つの国を結ぶ人材として活用できる人材となるでしょう。日本の生活や商習慣、厳しい工場での管理について彼らは分かっています。

ブラジル政府も、日本の技術と資金力を生かした協力を望んでいます。大阪府の人材サービス会社「フジアルテ」は、ブラジルに進出したい日本企業に対し、ポルトガル語が話せる日本人や、出稼ぎの日系人を派遣する「ポロロッカプラン」を立ち上げています。両国で活躍できる人材育成の必要性は高まっています。

移民100年の歴史のなかで、ブラジル農業の発展や、社会に優秀な人材を送り込んだとして尊敬を受けている日本人が、再びブラジルの地に足を付けて、モラルのなかで企業活動を進めれば、新たな信頼と発展を生み出すことができます。両国の商工会議所や政府機関が架け橋となって、優れた技術を持っている日本の定年退職者や不況で破綻を経験した経営者らがブラジルの可能性を見に行く機会があれば良いと思います。

あとがき

この本は日本で誕生しました。日本人がなぜ移民をする必要があったのか、私が日本とブラジルの両国にいた経験を生かし、少しでも日本の人たちにも伝えたくて、日本語でのこの本の出版に踏み切りました。

私は1969年に父の生まれ故郷である、福島県郡山市の日本大学に初年度の県費留学生（浦島太郎グループ）として、留学しました。そして、出稼ぎとして2004年に再び日本を訪れ、シャープやNEC、スズキの子会社などの工場で担当者、通訳として働き、現在は岐阜県美濃加茂市のNPO法人「ブラジル友の会」で、南米のブラジル人、ペルー人、パラグアイ人、ボリビア人などと一緒に、市の人口の1割を占める外国人の生活向上のために働いています。

私は、ブラジル政府は、日本にいるすべてのブラジル人の子どもに対し、母国語・ポルトガル語を学べる環境をつくってもらいたいと強く願います。そうすれば将来、日本とブラジルの両国を行き来する子が増えて、次の世代につながる新たな交流が生まれるはずです。

２００８年に両国であった移民１００年祭をきっかけに、ますます日本とブラジルが両手をがっちりとり合って発展し、より仲良く、深い交流が進むことを祈っています。

世界における、日本のベストパートナーはブラジルであると確信しています。

最後に家族全員、ルシアノ・スエツグ、ジョジ・ウェス、ネレウ・ソウザに感謝を述べます。

秋山　芳郎

出典
・神戸市立博物館と旧神戸移住センター
・ブラジル大使館
・岐阜市博物館
・インターナショナルプレス
・ジャーナル・トゥド・ベン

あとがき2

新聞記者である私はリーマンショックから1年が過ぎようとしていた2009年夏、外国人住民が、5万5000人の人口の1割弱を占める岐阜県美濃加茂市に赴任したのをきっかけに、日系ブラジル人の取材にとり組むようになりました。最初の取材は、失業中のブラジル人調査員が、失業中の同胞の生活実態を調べるという、行政委託による面会調査への同行取材です。行政の調査といっても、話し好きのブラジル人同士が出会えば、話がつきることはありません。「失業中で家賃も税金が高くて払えない」「父親だけ日本に残し、家族が離ればなれになった」。私にも日本に住む仲間の生活の困難さを一生懸命に訴えていました。

親戚同士、友人同士で助け合い、日本で生活してきたブラジル人たちでしたが、2010年3月までの国の帰国支援制度も使い、多くの人が日本を去っていきました。日本の小学校で学び、地域の野球チームで活躍していた少年が、帰国直前、自分のユニホームを大事に抱え、寂しそうにしていた顔が忘れられません。

私の祖父や父は戦時中、岐阜から満州に渡り、戦後まもなく日本に帰国しました。

この間、身体の弱かった祖母は、生まれたばかりの幼い父を残して満州で亡くなりました。父は幸い、日本に帰国することができましたが、中国残留孤児として残された子も多くいた時代です。海外の各地で一旗あげて故郷に錦を飾ろうと、勇敢な日本人が海を渡ったものの、日本に戻ることができなかった時代がありました。

無念のなか、ブラジルで勤勉に働き、子息に大学まで行かせる教育を身につけさせ、社会で尊敬されるまでに至った日本人移民の歴史を、私は、同じ日本人として誇りに思います。留学や海外移住が進んだとはいえ、大半の人が海外での生活を知らずに一生を終える日本社会のなかで、日本とブラジルをあたかも軽やかに行き来しているかに見える今の日系人は、生まれながらに2つの国の架け橋となりうる幸運の鍵を持っている人たちではないか、とも考えます。

外国人住民が多い日本の自治体の首長が東京に集まった、2010年秋の外国人集住都市会議で、外国人庁をつくろうという提案に対し、ある国会議員は「ごみ問題一つとってもなかなか解決しないなか、外国人を同じ国民として受け入れ、基本的人権をすべて受け入れる。日本全体にそういう覚悟があるのかどうかだ」と問いかけました。

日系人の出稼ぎが認められるようになった、入国管理法の改正から20年がたちました。外国人が日本の生活で出会う、理不尽なハンデや苦難は、絶対にとり除かなくてはいけません。かつてのブラジルが、やがて勤勉な日本人を受け入れたように、文化や習慣の違いはあっても、今度は日本が、日系ブラジル人とその家族、子どもたちを同じ住民として受け入れるべき時代がすでにやってきていると私は思います。

ブラジルから来た秋山先生が、日本の人たちにもっと、ブラジルのことを知ってほしいとの願いから、読んでほしいと企画したこの本は、中学生くらいの子でも読めるように、なるべくやさしい言葉を使うように努めました。

真の多文化共生につながることを願って。

安藤　恭子

著者プロフィール

秋山芳郎
1944年ブラジル・サンパウロ州生まれの日系2世。クリチバ国立工業化学大学を卒業後、1969年福島県郡山市で日本大学工学部に留学。ブラジルに帰国後は、三菱レーヨン、帝人テトロンに勤務。2004年に再来日し、岡本プレス工業、シャープ、NECなどの工場や警察の通訳を勤め、現在は岐阜県美濃加茂市のブラジル人団体「NPOブラジル友の会」で同胞支援をしている。岐阜県美濃加茂市在住。

安藤恭子（監修）
1976年東京生まれ。慶應義塾大学文学部図書館情報学科卒業後、1998年中日新聞社に入社。浜松経済部、東京社会部などを経て、2009年美濃加茂通信局長（岐阜県）。

日本を元気にする国　ブラジル

2011年８月28日　第１刷発行

著者――――秋山芳郎

発行者――――藤田昌明

発行所――――株式会社早稲田出版
東京都新宿区西新宿8－5－3　郵便番号160－0023
電話(03)3369－5500　FAX(03)3369－5534

装幀――――ライラック

印刷――――ベクトル印刷株式会社

ISBN978－4－89827－394－4 C0095